Patient Tier

Kaninchen-
krankheiten

Herausgegeben von
Prof. Dr. Hellmut Woernle

Johannes Winkelmann
Hans-Jürgen Lammers

Kaninchen-krankheiten

47 Farbfotos
4 Schwarzweißfotos
17 Zeichnungen
11 Tabellen

Dr. Johannes Winkelmann ist Fachtierarzt und Laborleiter im Tiergesundheitsamt der Landwirtschaftskammer Rheinland. Sein besonderes Interesse gilt der Diagnostik von Kaninchenkrankheiten.
Hans-Jürgen Lammers ist Diplomlandwirt mit langjähriger Erfahrung in der Haltung und Zucht von Kaninchen.

Titelfoto: Hans Reinhard, Heiligkreuzsteinach

In diesem Buch sind die Namen von Medikamenten, die zugleich eingetragene Warenzeichen sind, als solche nicht besonders kenntlich gemacht. Es kann also aus der Bezeichnung der Ware mit dem für diese eingetragenen Warenzeichen nicht geschlossen werden, daß die Bezeichnung ein freier Warenname ist. Die Markennamen wurden nur beispielhaft aufgeführt. Hinsichtlich der in diesem Buch angegebenen Dosierungen von Medikamenten usw. wurde die größtmögliche Sorgfalt beachtet. Gleichwohl werden die Leser aufgefordert, die entsprechenden Prospekte der Hersteller zur Kontrolle heranzuziehen.

Die Deutsche Bibliothek – CIP-Einheitsaufnahme

Winkelmann, Johannes:
Kaninchenkrankheiten : Tabellen / Johannes Winkelmann ;
Hans-Jürgen Lammers. – Stuttgart (Hohenheim) : Ulmer, 1996
   (Patient Tier)
   ISBN 3-8001-7343-3
NE: Lammers, Hans-Jürgen:

Das Werk einschließlich aller seiner Teile ist urheberrechtlich geschützt. Jede Verwertung außerhalb der engen Grenzen des Urheberrechtsgesetzes ist ohne Zustimmung des Verlages unzulässig und strafbar. Das gilt insbesondere für Vervielfältigungen, Übersetzungen, Mikroverfilmungen und die Einspeicherung und Verarbeitung in elektronischen Systemen.

© 1996 Verlag Eugen Ulmer GmbH & Co., Wollgrasweg 41, 70599 Stuttgart (Hohenheim)
Printed in Germany
Lektorat: Dr. Nadja Kneissler
Einbandentwurf: Alfred Krugmann, Freiberg am Neckar
Satz: Steffen Hahn GmbH, Kornwestheim
Druck und Bindung: Friedrich Pustet, Regensburg

Vorwort

Kaninchen wurden schon von den Römern in großen Freigehegen gehalten. Diese Haltungsform stellte somit die erste Form der »Haustierwerdung« der Kaninchen dar. Daraus entwickelten sich im Lauf der Jahrhunderte andere Haltungsformen bis zu den heute üblichen Haltungssystemen in Boxen, Käfigen und Bodenhaltung. Mit der Veränderung ergab sich auch die Möglichkeit gezielter züchterischer Arbeit, so daß im Lauf der Zeit, ausgehend von den Wildkaninchen, die vielen verschiedenen Kaninchenrassen entstanden.

Die Freude an der Zuchtarbeit, gepaart mit dem intensiven Umgang mit den Tieren, und das zutrauliche Wesen der Hauskaninchen hat zur weiten Verbreitung der Kaninchenhaltung in unserer Gesellschaft geführt. Die Rassenvielfalt macht es möglich, daß jeder interessierte Halter die Kaninchenrasse auswählen und halten kann, die seinen individuellen Ansprüchen gerecht wird.

Daneben gewinnt die wirtschaftlich orientierte Kaninchenhaltung in unserer Gesellschaft eine zunehmende Bedeutung, da Kaninchenfleisch ein diätetisch hochwertiges Nahrungsmittel ist. Diese unterschiedlichen Ansprüche an das Kaninchen sind eine große Verantwortung für den Halter, der durch Sach- und Fachkenntnis die Gesunderhaltung seiner ihm anvertrauten Tiere gewährleisten muß.

Bei Kaninchen treten wie bei anderen Tierarten viele verschiedene Krankheiten auf, von denen aber nur einige eine größere Bedeutung haben. Diese Krankheitskomplexe werden in diesem Buch so dargestellt, daß sie vom Halter erkannt werden und entsprechende Vorbeugemaßnahmen getroffen werden können.

Unser besonderes Anliegen war es aber, den Kaninchenhalter in die Lage zu versetzen, durch geeignete Haltung, Fütterung und Vorbeugemaßnahmen die Entstehung von Erkrankungen zu verhindern. Die Darstellung dieser wichtigen Zusammenhänge soll dem Kaninchenhalter und -züchter helfen, seine Tiere gesund zu erhalten.

Besonders bedanken möchten wir uns bei Frau U. Heimbach für die große Mühe bei der Erstellung des Manuskriptes und bei Frau Dr. Helga Winkelmann, die mit vielen praktischen Tips und Anregungen zum Gelingen dieses Buches beigetragen hat.

Köln und Euskirchen, im Frühjahr 1996
J. Winkelmann und
H.-J. Lammers

Inhaltsverzeichnis

Vorwort 5
Einleitung 9

Das gesunde Kaninchen – Körperbau und Körperfunktionen 10
Knochengerüst und Gelenke 10
Muskulatur 12
Herz und Kreislauf 12
Atmung und Atmungsorgane 12
Verdauungskanal und Verdauungsvorgänge 14
   Maulhöhle und Zähne 14
   Magen und Darm 14
Harn- und Geschlechtsorgane 16
   Harnorgane 16
   Männliche Geschlechtsorgane 16
   Weibliche Geschlechtsorgane 17
   Fortpflanzung 18
   Künstliche Besamung 19
Haut, Haare, Hautdrüsen (Milchdrüse) 21
Sinnesorgane 22

Fütterung 24
Futterzusammensetzung 25
Fütterungsmethoden 26
Fütterungstechnik 28
Futterzuteilung und Futtermenge 31
Trinkwasserversorgung 34

Haltung 37
Haltung mit Einstreu 39
Haltung ohne Einstreu 40
Einzel-, Gruppen- oder Großgruppenhaltung? 41
Stallklima 42
Stalleinrichtungen 43

Wie entstehen Krankheiten? 44
Krankheitsursachen und Gesundheitskontrolle 46
Vorbeugende Maßnahmen zur Krankheitsverhütung 50
   Spezifische Vorbeugung und Behandlung 50
   Unspezifische Maßnahmen 57
   Quarantänemaßnahmen 60
   Programm zur Gesundheitsvorsorge 60

Infektionskrankheiten 62
Virusinfektionen 62
   Myxomatose 62
   Hämorrhagische Krankheit der Kaninchen (Virusseptikämie, **R**abbit **H**aemorrhagic **D**isease = RHD, Chinaseuche) 64
   Leukose (Lymphadenose, Lymphosarkomatose) 65
   Tollwut 65
   Kaninchenpocken 66
   Fibromatose 66
   Aujeszkysche Krankheit (Pseudowut) 66
   Bornasche Erkrankung 67
Bakterielle Infektionen 67

Pasteurellose 67
Bordetellose 70
Rodentiose (Pseudotuberkulose, Yersiniose, Nagerpest) 70
Tuberkulose 71
Tularämie (Kaninchenfieber, Hasenpest) 71
Salmonellose 72
Pseudomoniasis 73
Staphylokokkose 73
Listeriose 74
Protozoen-Infektionen 74
    Toxoplasmose 74
    Encephalitozoon-Infektion 75
Pilzinfektionen (Mykosen) 75
    Hautpilzerkrankungen 75
    Pilze in inneren Organen 77
    Fütterungsbedingte Vergiftungen durch Pilztoxine 77

Vergiftungen 78
Vergiftungen durch chemische Stoffe 78
Giftpflanzen 80

Erbkrankheiten 81

Haut und Haarkleid 82
Myxomatose 82
Außenparasiten (Ektoparasiten) 82
    Milben 82
    Zecken 84
    Läuse und Flöhe 85
    Mücken 85
Hautpilze 86
Wunde Läufe 86
Eitrige Entzündungen der Haut 87
Fell- und Wollefressen, Haarausfall 88

Erkrankungen der Augen 89
Entzündungen der Augenlider, Lidbindehäute und der Augenhornhaut 89
Andere Entzündungen am Auge 90

Erkrankung der Ohren 91
Ohrräude 91
Entzündungen der Ohren 91
    Äußerer Gehörgang 91
    Mittel- und Innenohr 92
Verletzungen am Ohr, Bluterguß 92

Erkrankungen von Gehirn und Gehirnhäuten 93

Lahmheiten, Lähmungen 94

Erkrankungen von Knochen, Gelenken und Muskulatur 95
Knochenbrüche (Frakturen) 95
Rachitis 95
Gelenkentzündungen 95
Auskugeln von Gelenken 96
Muskelschwund 97

Erkrankungen der Atemwege 98
Ansteckender Schnupfen 98
Ansteckende Lungenentzündung 98

Erkrankungen der Verdauungsorgane 100
Entzündungen der Mundschleimhaut 100
Zähne 100
Magen- und Darmentzündungen 100
    Magenblähung (Trommelsucht) 101
    Magenverstopfung 102
    Schleimige Entzündung des Darmes (Mukoide Enteritis) 102
    Dysenterie 103
    Rotavirus-Infektion 104
    Tyzzersche Krankheit 105
Darmparasiten 106

Inhaltsverzeichnis

Kokzidiose 106
Darmrundwürmer
(Nematoden) 109
Bandwürmer 110
Bandwurmfinnen 110

Erkrankungen der Leber 111
Leberverfettung 111
Leberentzündung 111
Gallengangskokzidiose (»Leberkokzidiose«) 112

Erkrankungen der Harnorgane 113
Nierenerkrankungen 113
Harnblasenentzündung, Harnblasensteine 113

Erkrankungen der Geschlechtsorgane 114
Männliche Geschlechtsorgane 114
   Hoden 114
   Penis, Vorhaut 114
   Kaninchensyphilis 115
Weibliche Geschlechtsorgane 116
   Gebärmutterentzündung 116
Entzündungen und Verletzungen des Gesäuges 117

Fruchtbarkeit, Trächtigkeit, Geburt 118
Störungen der Fruchtbarkeit 118
   Unfruchtbarkeit bei weiblichen Tieren 118
   Unfruchtbarkeit bei männlichen Tieren 119

Störungen der Trächtigkeit 119
   Fruchttod, Fehlgeburten 119
   Trächtigkeitsvergiftung und Kalziummangel der Häsinnen 119
   Scheinträchtigkeit 120
Störungen der Geburt 120
   Häsin 120
   Jungtiere 121
   Verdrehungen der Gebärmutter, Verletzungen des Geburtsweges 121

Krankheiten der Jungtiere 122
Mangelhafte Pflege und Unterkühlung 123
Milchmangel 123
Kannibalismus 123

Zoonosen 125

Gesetzliche Bestimmungen und Einsendung von Untersuchungsmaterial 126
Anzeigepflichtige Tierkrankheiten 126
Tierschutzgesetz 126
Fleischhygienegesetz 127
Tierkörperbeseitigungsgesetz 127
Einsendung von Untersuchungsmaterial 127
Liste der wichtigsten Desinfektionsmittel 129
Glossar 131
Literatur 132
Bildquellen 132
Tierärztliche Untersuchungsstellen 133
Sachregister 135

Einleitung

Die zahlreichen, weltweit verbreiteten Hauskaninchenrassen stammen vom europäischen Wildkaninchen ab, das auf der Iberischen Halbinsel (Spanien, Portugal) beheimatet war und sich zur Zeit der Römer durch Handel und Verkehr nach und nach in alle Regionen des römischen Reiches verbreitet hat. Die Kaninchen wurden schon zu dieser Zeit in Gehegen, den sogenannten Leporarien, gehalten. Sie dienten als wichtige Fleischlieferanten für die Bevölkerung. Bis in die heutige Zeit ist der Verzehr von Kaninchenfleisch in den Mittelmeerländern (Spanien, Italien, Frankreich) der höchste in der Welt.

Im weiteren Verlauf der Geschichte betrieben besonders die Klöster im frühen Mittelalter häufig eine intensive Kaninchenzucht, da das Fleisch der Kaninchenjungtiere auch als Fastenspeise erlaubt war. Über das erste Auftreten von Kaninchenrassen mit unterschiedlicher Haarfarbe wird aus Klöstern des 16. Jahrhunderts berichtet.

Über den sich ausweitenden Handelsverkehr gelangten die Nachfahren der europäischen Kaninchen nach Asien und über die Meere nach Australien und Amerika. In Australien entwickelten sich die Wildkaninchen zu einer großen Landplage, da die natürlichen Feinde fehlen.

Das amerikanische Wildkaninchen ist eine eigenständige Rasse, gehört aber zur gleichen Familie wie das europäische Kaninchen Es hat sich jedoch nicht zum Hauskaninchen entwickelt. Die auf dem amerikanischen Kontinent (Süd-, Mittel und Nordamerika) gehaltenen Hauskaninchen stammen alle vom europäischen Kaninchen ab.

In China werden Hauskaninchen zur Fleischversorgung der Bevölkerung und Angorakaninchen zur Wollproduktion eingesetzt. China ist der größte Angorawollproduzent der Welt. Auch in anderen Regionen Asiens sowie in Afrika und Südamerika hat sich die Kaninchenhaltung eingebürgert, da das Kaninchenfleisch keinen religiösen Beschränkungen unterliegt und die Haltung dieser Tiere, die nur wenig Raum beanspruchen, auch den ärmeren Bevölkerungsschichten möglich ist.

So hat das Kaninchen heute weltweit einen besonderen Stellenwert als Nahrungslieferant und Wollieferant. Auch als Liebhabertier zur Rassekaninchenzucht und in der Heimtierhaltung erfreut sich das Kaninchen zunehmender Beliebtheit.

Das gesunde Kaninchen – Körperbau und Körperfunktionen

Hauskaninchen werden im wesentlichen aus zwei verschiedenen Gründen gehalten: entweder als Hobby – dazu zählt die Haltung und Zucht von Rassekaninchen und die Heimtierhaltung – oder aus wirtschaftlichen Gründen, also zur Fleisch- oder Wollgewinnung oder zur Bereitstellung von Versuchstieren.

Viele verschiedene Hauskaninchenrassen sind erfolgreich gezüchtet worden. Beispielhaft sollen einige dieser Rassen genannt werden.

> **Große Rassen,** Gewicht 5 bis 7 kg:
> – Deutsche Riesen,
> – Deutsche Widder,
> – Helle Großsilber u.a.
> **Mittelgroße Rassen,** Gewicht 3 bis 4 kg:
> – Neuseeländer (weiß oder rot),
> – Wiener (blau, weiß oder grau),
> – Russen,
> – Rex,
> – Angorakaninchen u.a.
> **Kleine (Zwerg-)Rassen,** Gewicht etwa 2 kg:
> – Kleinchinchilla,
> – Kleinschecken,
> – Kleinwidder,
> – Kleinsilber u.a.

Ein Kaninchen wird als gesund bezeichnet, wenn alle Körper- und Organfunktionen ungestört und geregelt verlaufen. Dazu gehören Nahrungsaufnahme, Bewegung, Fortpflanzung, Harn- und Kotabsatz, Verhalten.

Um die normale Körper- und Organfunktion beurteilen zu können, sind einige Grundkenntnisse über den Körperbau notwendig, zumal einige Organfunktionen der Kaninchen sich deutlich von anderen Tierarten unterscheiden.

Knochengerüst und Gelenke

Das Knochengerüst, das auch als **passiver Bewegungsapparat** bezeichnet wird, besteht aus vielen einzelnen Knochen und Knöchelchen. Das Skelett stützt den Körper, schützt die Weichteile und dient als Ansatz für Muskeln, Sehnen und Bänder. Das Knochenwachstum beginnt mit der Geburt und ist meist zum Zeitpunkt der sexuellen Reife abgeschlossen. Fehler in Fütterung und Haltung während dieser Wachstumsphase können nicht wieder zu reparierende Schäden zur Folge haben.

Knochengerüst und Gelenke

Daten der normalen Körperfunktionen

Körpertemperatur ab 3. Lebenswoche	38,5 bis 39,3 °C
Atemfrequenz (Ruhe) pro Minute	30 bis 60
Geschlechtsreife, männlich und weiblich	etwa 15. Lebenswoche (12. bis 18. Woche)
Geschlechtszyklus	kein jahreszeitlicher Zyklus
Eisprung (Ovulation)	Auslösung nur nach Deckakt (etwa 10 bis 12 Std. später)
Trächtigkeitsdauer	etwa 31 bis 32 Tage
Zahl der Jungtiere pro Wurf	4 bis 12 (15)
Zahl der Würfe pro Jahr	Rassekaninchenzucht: etwa 3 wirtschaftliche Haltung: 6 bis 10

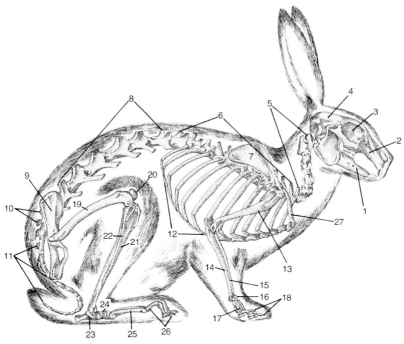

Das Skelett eines Kaninchens (nach SCHLEY 1985). 1 = Unterkiefer, 2 = Oberkiefer, 3 = Augenhöhle, 4 = Scheitelbein, 5 = Halswirbelsäule, 6 = Brustwirbelsäule, 7 = Schulterblatt, 8 = Lendenwirbelsäule, 9 = Darmbein, 10 = Kreuzwirbel, 11 = Schwanzwirbel, 12 = Rippen, zum Rippenbogen vereinigt, 13 = Oberarmbein, 14 = Elle, 15 = Speiche, 16 = Vorderfußwurzelgelenk, 17 = Vordermittelfußknochen, 18 = Zehenknochen, 19 = Oberschenkelbein, 20 = Kniescheibe, 21 = Schienbein, 22 = Wadenbein, 23 = Fersenbein, 24 = Fußwurzelgelenk, 25 = Mittelfußknochen, 26 = Zehenknochen, 27 = Schlüsselbein.

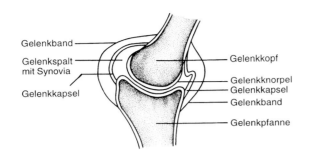

Schematische Darstellung eines Kaninchengelenks in gebeugter Stellung (nach GEYER und GRABNER 1995).

Muskulatur

Die Muskeln verbinden die einzelnen Knochen miteinander und ermöglichen die Fortbewegung. Stall- und Käfighaltung beanspruchen die Muskulatur der Kaninchen wenig, so daß die Muskulatur eine helle weißliche Farbe hat. Stark beanspruchte Muskulatur dagegen hat eine mehr rötliche Farbe. Durch Bewegung wird die Durchblutung der Muskulatur gefördert, sie wird dadurch kräftiger.

Herz und Kreislauf

Das Herz pumpt das Blut durch die Blutgefäße zu den Organen, die von der ständigen Sauerstoffzufuhr über den Blutkreislauf abhängig sind. Wie bei anderen Säugetieren und beim Menschen kann nur ein gesundes Herz den Blutkreislauf aufrechterhalten. Die Herzfunktion kann durch die Pulsfrequenz oder Herzfrequenz gemessen werden (Normalwert: 120 bis 150 Schläge pro Minute). Bei Häsinnen ist zum Ende der Trächtigkeit eine besondere Kreislaufbelastung vorhanden und eine intakte Herzfunktion wichtig: Die Versorgung der Jungtiere in der Gebärmutter muß gewährleistet sein. Auch während der Laktation ist der Kreislauf belastet, da die Milchdrüse zur Milchbildung stark durchblutet werden muß.

Atmung und Atmungsorgane

Die Atmung der Kaninchen wird, wie auch bei anderen Säugetieren, durch den Kohlendioxidgehalt (CO_2) im Blut reguliert. Steigt der CO_2-Gehalt bei abnehmendem Sauerstoffgehalt im Blut, so wird automatisch die Atemfrequenz erhöht. Das führt dazu, daß mehr Sauerstoff eingeatmet wird und mehr Kohlendioxid ausgeatmet. Schlechte Luft im Stall beschleunigt also die Atmung!

Die Luft wird über die Nasenöffnung eingeatmet und gelangt über die Nasenhöhlen und Luftröhre in die Lungen. Hier findet der Gasaustausch der sogenannten Atemgase Sauerstoff (O_2) und Kohlendioxid (CO_2) in den Lungenbläschen statt. O_2 wird von den roten Blutkörperchen des Blutes aufgenommen

Atmung und Atmungsorgane

Das Herz-Kreislaufsystem beim Kaninchen (nach GEYER und GRABNER 1995).

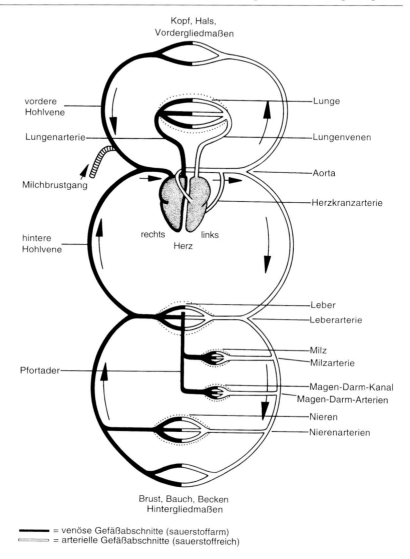

und CO$_2$ wird über die Lungenbläschen im Austausch dazu abgegeben.

Kaninchen besitzen von den Nasenhöhlen abzweigende Nasennebenhöhlen, die nicht frei zugänglich sind und daher nicht ausreichend belüftet werden. Bakterien und andere Krankheitserreger können sich hier leicht ansiedeln und sind nur schwer zu bekämpfen. Wichtig ist deshalb ein gutes Stallklima.

Das gesunde Kaninchen – Körperbau und Körperfunktionen

Das Verdauungssystem des Kaninchens. Der umfangreiche Blinddarm spielt eine wichtige Rolle bei der Futterverwertung und der Versorgung mit Vitamin B. 1 = Mundhöhle, 2 = Speiseröhre, 3 = Magen, 4 = Dünndarm, 5 = Dickdarm, 6 = Blinddarm, 7 = Mastdarm.

Verdauungskanal und Verdauungsvorgänge

Maulhöhle und Zähne

Die **Maulöffnung** der Kaninchen trägt seitlich Tasthaare und ist relativ klein. Die Maulhöhle ist im vorderen Bereich schmal, weitet sich aber nach hinten. Vorne sitzen die **Nagezähne:** im Oberkiefer auf jeder Seite zwei, im Unterkiefer jeweils einer. Es folgt nach hinten ein zahnloser Kieferteil und danach vordere und hintere Backenzähne nach folgender Zahnformel: $\frac{2032}{1022}$

Die **Backenzähne** haben breite Kauflächen, sie sind wurzellos und werden je nach Abnutzung nachgeschoben. Eine regelmäßige Inanspruchnahme sowohl der Nagezähne als auch der Backenzähne durch geeignetes Nagetierfutter ist für die Funktion des Gebisses unbedingt erfoderlich. Fehlstellungen der Kiefers und ungeeignetes Futter führen zu den verschiedenen Zahnfehlern (siehe Seite 100).

Der mit Speichel durchtränkte Nahrungsbrei gelangt über die Speiseröhre in den Magen.

Magen und Darm

Wie aus der Abbildung oben ersichtlich, hat das Kaninchen einen einhöhligen Magen, der Nahrung speichert und in dem die Verdauungsvorgänge weitergeführt werden, die in der Mundhöhle begonnen haben. Im **Magen** wird von der Schleimhaut Salzsäure und das eiweißspaltende Emzym Pepsin gebildet. Die Salzsäure wirkt auch gegen Bakterien und Viren und das Pepsin spaltet das Nahrungseiweiß in kleinere Bausteine, die dann verwertet werden können.

Der Magen der Kaninchen ist ständig mit Futterbrei gefüllt. Eine regelmäßige Nahrungsaufnahme (30 bis 50 Mahlzeiten pro Tag) führt zum Weitertransport der Nahrung aus dem wenig muskulösen Magen in den Dünndarm. Kaninchen sollten also ständig Gelegenheit haben, kleinere Mahlzeiten aufzunehmen. Bei langen Nüchternphasen kommt es häufig zu Verdauungsstörungen. Im Mageninhalt findet man immer Haarballen, die mit dem Nahrungsbrei vermischt sind. Besonders bei Langhaarkaninchen (Angorakaninchen) können daraus erhebliche Verdauungsstörungen durch Verhinderung des Weitertransportes der Nahrung entstehen.

Aus dem Magen gelangt die Nahrung in den **Dünndarm,** der sich in drei Abschnitte gliedert: Zwölffingerdarm, Leerdarm und Hüftdarm. In diesen Darmabschnitten finden die hauptsächlichen Verdauungsvorgänge statt. Fette, Kohlenhydrate und Eiweiße der Nahrung werden in kleine Bausteine zerlegt, die aus dem Darm resorbiert werden können. Notwendig für die Verdauungsvorgänge im Dünndarm sind die Gallenflüssigkeit der Leber und das Sekret der Bauchspeicheldrüse. Dieses Sekret und die Galle werden direkt in den Dünndarm abgegeben.

Im **Dickdarm** mit den Abschnitten Blinddarm, Grimmdarm und Mastdarm werden mit Hilfe von Bakterien die schwerverdaulichen Pflanzenteile (Zellulose) verdaut. Hierbei entstehen Fettsäuren, die im sogenannten Blinddarmkot ausgeschieden werden und durch ihren Geruch die Kaninchen anregen, die Kügelchen wieder zu fressen. Diese Besonderheit bei Kaninchen wird als **Coecotrophie** (Koprophagie) bezeichnet und dient einer optimalen Futterverwertung und einer zusätzlichen Vitamin-B-Versorgung. In Hungerphasen wird so auch für eine ausreichende Füllung des Magens gesorgt. Die klebrigen Kotkügelchen werden vor allem nachts direkt vom After der Kaninchen aufgenommen und abgeschluckt. Auch bei einer Haltung auf Gitterböden wird Kot vom eigenen After aufgenommen. Bei dieser Haltung wird die Aufnahme fremden Kotes verhindert, was vorteilhaft ist, da Krankheitserreger nicht direkt von einem Tier zum anderen übertragen werden können.

Der großvolumige Blinddarm faßt bis zu fünfmal mehr Nahrungsbrei als der Magen! Da Bildung und Aufnahme des Blinddarmkotes Tagesschwankungen unterliegen und das Freßverhalten der Kaninchen davon abhängt, sollte eine regelmäßige Betreuung und Fütterung der Kaninchen selbstverständlich sein. Nur so kann die Darmflora stabil gehalten werden (siehe Seite 103).

Zu bemerken ist, daß das Kaninchen in der Lage ist, den Kotabsatz willkürlich zu steuern; das heißt, man kann ein Kaninchen durchaus zur Stubenreinheit erziehen.

Harn- und Geschlechtsorgane

Harn- und Geschlechtsorgane werden immer zusammen genannt und beschrieben. Sie haben sowohl beim männlichen als auch bei den weiblichen Kaninchen einen gemeinsamen Ausführungsgang: die Harnröhre, die bei den männlichen Tieren im Penis verläuft; bei den weiblichen Kaninchen mündet die Harnröhre in der Scheide. Von der Funktion her haben diese beiden Organsysteme nichts miteinander zu tun. Die Harnorgane dienen der Blutreinigung und der Ausscheidung von Schlackestoffen und die Geschlechtsorgane dienen der Fortpflanzung.

Harnorgane

Hierzu gehören zwei Nieren, zwei Harnleiter, eine Harnblase und die Harnröhre. Die **Nieren** liegen im Bauchraum rechts und links neben der Wirbelsäule. Die rechte Niere liegt etwas weiter kopfwärts als die linke. In den Nieren findet eine ständige Filtration des Blutes statt, um eine Reinigung des Blutes von Schlackestoffen zu erreichen, die mit dem Urin ausgeschieden werden. Die Farbe des Harns ist bei den Kaninchen gelblich und der Harn ist leicht getrübt. Auch können spezielle Harnkristalle festgestellt werden, die nicht auf eine Erkrankung hindeuten.

Im Querschnitt der Niere erkennt man eine **Rindenschicht** und eine **Markschicht** (siehe Seite 17). In der Rindenschicht findet die Blutfiltration statt, in der Markschicht wird der gebildete Harn konzentriert und im Nierenbecken gesammelt. Über die **Harnleiter** erfolgt der Abfluß des Harns aus den Nieren zur **Harnblase,** die in der Beckenhöhle liegt. Hier wird der Harn gesammelt. Ist die Blase gefüllt, entleert sie sich über die **Harnröhre.** Fütterungsfehler können auch beim Kaninchen zur Bildung von Harnsteinen führen, die in der Harnblase abgelagert werden und den Harnabsatz erheblich behindern.

Männliche Geschlechtsorgane

Die länglichen Hoden der männlichen Kaninchen (Rammler) liegen in einer Hauttasche unter der Haut. Ein spezieller Hodensack wie bei anderen Tieren ist nicht ausgebildet. Zum Zeitpunkt der Geburt liegen die Hoden in der Bauchhöhle. Erst nach der Geburt erfolgt der Hodenabstieg durch den Leistenspalt. Rammler, bei denen der Hodenabstieg nicht erfolgt, sind von der Zucht auszuschließen, da diese Anlage vererbt und der Zuchterfolg beeinflußt wird. Im Hoden werden von den geschlechtsreifen Rammlern die Spermien gebildet, die beim Deckakt durch die Ejakulation in die weiblichen Geschlechtsorgane gelangen und dort die Eizellen befruchten.

Zu den männlichen Geschlechtsorganen gehören außerdem Nebenhoden, Geschlechtsdrüsen (Prostata, Samenblasendrüse, Zwiebeldrüse) und der Penis mit Schwellkörper und Muskulatur. Das Sekret der Geschlechtsdrüsen dient als Energielieferant für die Spermien auf dem Weg zur Eizelle und es schützt die Spermien zugleich gegen das saure Milieu der Scheide (Vagina).

Harn- und Geschlechtsorgane

Der Querschnitt durch eine Kaninchenniere zeigt die Rindenschicht, in der das Blut filtriert wird, und die Markschicht, in welcher der Harn konzentriert wird.

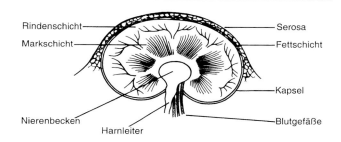

Hier wird der Feinbau der Niere gezeigt mit den Gefäßknäueln in der Rindenschicht, die eine Filtration des Blutes ermöglichen. Durch die Sammelröhrchen wird der Harn ins Nierenbecken geleitet.

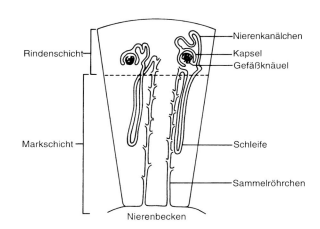

Weibliche Geschlechtsorgane

Wie aus der Abbildung auf Seite 18 ersichtlich, bestehen die weiblichen Geschlechtsorgane aus zwei Eierstöcken, zwei Eileitern, einer Gebärmutter mit zwei Gebärmutterhörnern und zwei Muttermundöffnungen (Uterus duplex) sowie der Scheide.

In den **Eierstöcken** reifen die Eizellen in Follikeln. Durch die geschlechtliche Reizung beim Deckakt platzen die Follikel und geben die Eizellen frei. Diese sogenannte Spontanovulation findet etwa 10 bis 12 Stunden nach dem Deckakt statt.

Erfolgt kein Deckakt und keine geschlechtliche Reizung, bilden sich die Follikel zurück, und es werden keine Eizellen freigesetzt.

Die aus den geplatzten Follikeln freigesetzten Eizellen werden vom Eileitertrichter aufgefangen und wandern in den Eileiter. Im **Eileiter** findet die Befruchtung statt: Eine männliche Spermie verschmilzt mit einer Eizelle. Das be-

Das gesunde Kaninchen – Körperbau und Körperfunktionen

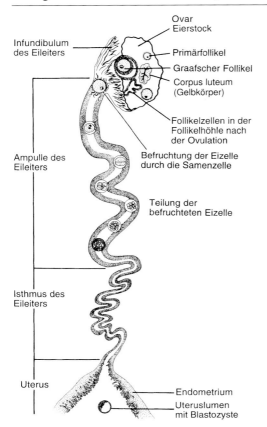

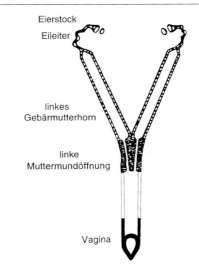

Oben: Das weibliche Kaninchen hat zwei Eierstöcke, zwei Eileiter, eine Gebärmutter mit zwei Gebärmutterhörnern und zwei Muttermundöffnungen sowie eine Scheide.

Links: Nach der Ovulation wandert die Eizelle in den Eileiter. Dort kommt es zur Befruchtung. Das befruchtete Ei beginnt bereits mit der Zellteilung, während es in den Uterus wandert.

fruchtete Ei wächst durch Zellteilung allmählich heran und wandert in eines der Gebärmutterhörner, wo es sich später in die Gebärmutterschleimhaut einnistet und weiterentwickelt zum Embryo.

Der Gebärmuttermund verschließt während der Tragezeit die Gebärmutter nach außen, damit eine ungestörte Entwicklung der Früchte stattfinden kann. Zum Zeitpunkt der Geburt öffnet sich der Muttermund. Die geburtsreifen Jungtiere werden durch die Wehentätigkeit nach außen gedrückt.

Fortpflanzung

Der Ruf des Kaninchens, besonders fruchtbar zu sein, beruht wohl auf der Tatsache, daß das Kaninchen schon wenige Stunden nach dem Werfen wieder paarungsbereit ist und bei gutem Ernährungs- und Gesundheitszustand auch wieder erfolgreich belegt werden kann. Während Hobbyhalter ihre Häsinnen häufig nur ein- bis zweimal im Jahr belegen lassen, machen die wirtschaftlich orientierten Kaninchenhalter von der Möglichkeit Gebrauch, die Häsin 1 bis 2 Tage nach dem Wurf wieder belegen zu können. Mit diesem Verfahren kann eine Häsin theoretisch mehr als elfmal im Jahr einen Wurf setzen. Allerdings wird die Häsin, wenn sie durch zu starke Beanspruchung in eine Streßsituation kommt, zwar den Deckakt dulden, aber nicht immer aufnehmen.

Kommt nach einem Deckakt keine Befruchtung zustande, spricht man von **Scheinträchtigkeit.** In diesem Fall hat durch den Deckakt ausgelöst ein Eisprung stattgefunden, die ovulierten Eier wurden jedoch nicht befruchtet. Weil sich aber trotzdem im Eierstock Gelbkörper bilden, die das Schwangerschaftsschutzhormon Progesteron produzieren und damit die Bildung neuer Eier verhindern, kann während der Scheinträchtigkeit keine erfolgreiche Bedeckung stattfinden. Das Kaninchen verfügt damit über eine Schutzeinrichtung des Körpers, die eine Überbeanspruchung reguliert. Die Fruchtbarkeit ist erst dann wieder zu erwarten, wenn der Gelbkörper nach etwa 18 Tagen abgebaut und hormonell eine Normalsituation eingetreten ist.

Wie aus dem oben Beschriebenen deutlich wird, erfolgt beim Kaninchen demnach der Eisprung (Ovulation) nicht zyklisch wie bei Menschen oder wie bei fast allen anderen Haustieren, sondern wird durch den Begattungsreiz ausgelöst. Die Ovulation erfolgt allerdings auch manchmal aufgrund anderer Reize, z.B. durch plötzlich einwirkende Umweltreize. Daher kann es dem Züchter immer wieder passieren, daß ein vermeintlich »hitziges« Kaninchen bereits scheinträchtig ist und trotz erfolgreichen Deckaktes wiederholt keine Trächtigkeit eintritt.

Beim Deckakt werden die Spermien im Bereich der Vagina ejakuliert, von wo sie durch passiven und aktiven Transport relativ schnell durch die Gebärmutterhörner in die Eileiter bis zum Ort der Befruchtung im oberen Teil des Eileiters gelangen. Die Spermien sind aktiviert und bleiben über viele Stunden befruchtungsfähig.

Etwa 10 bis 12 Stunden nach dem Deckakt lösen sich die reifen Eier aus dem Eierstock und gelangen nach wenigen Minuten in den Eileiter. 12 bis 16 Stunden nach dem Deckakt werden die Eier befruchtet. Im Gegensatz zu den Spermien, die 30 bis 32 Stunden im Eileiter befruchtungsfähig sind, sind die Eizellen nur für eine kurze Zeit, etwa 6 bis 8 Stunden nach der Ovulation, befruchtungsfähig.

Nach der Befruchtung wandern die Eizellen in die Gebärmutter; nach etwa 8 bis 10 Tagen setzen sie sich dort fest (Implantation). Der geübte Züchter kann durch Tasten zu diesem Zeitpunkt die eingenisteten Eier fühlen und mit großer Sicherheit die Trächtigkeit bestimmen.

Die Tragezeit beträgt etwa 31 bis 32 Tage.

Künstliche Besamung

Techniken zur künstlichen Besamung beim Kaninchen sind seit über 60 Jahren bekannt. Die Umsetzung in die Praxis erfolgte durch den Züchter Zimmermann, der die Technik vereinfachte und zur Praxisreife führte. Die künstliche Besamung hat für die wirtschaftlich orien-

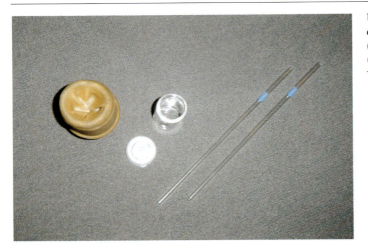

Utensilien für die Spermaentnahme: künstliche Vagina (links), Auffanggläschen (Mitte), Pipetten zum Entfernen von Spermapfropfen.

tierte Kaninchenhaltung große Bedeutung. Neben organisatorischen und hygienischen Vorteilen werden wirtschaftliche Produktionsgrößen durch die künstliche Besamung positiv beeinflußt: Die Zahl der Rammler kann reduziert werden und die Arbeitszeit pro Häsin vermindert sich.

Die künstliche Besamung ist ein gynäkologischer Eingriff, der gute Hygienebedingungen voraussetzt. Es ist nicht schwer, die Technik der künstlichen Besamung beim Kaninchen zu erlernen, allerdings setzt es ein gewisses Geschick und Erfahrung im Umgang mit Tieren voraus.

Für die **Spermaentnahme** ist nur wenig Arbeitsmaterial erforderlich. Es werden zwei hartwandige Schläuche mit unterschiedlichen Durchmessern verwendet, die ineinandergeschoben werden können. Darüber wird ein Gummiband so gedreht, daß in der Mitte ein Loch von etwa 5 mm Durchmesser verbleibt. Diese künstliche Vagina wird in einem Wasserbad erwärmt, bis sie im Innenbereich eine Temperatur von 40 °C aufweist. Des weiteren benötigt man eine Styroporbox, in der die Auffanggläschen passend zur künstlichen Scheide aufbewahrt werden.

Vor dem Absamen ist es unbedingt notwendig, den Rammler zu stimulieren. Dies wird am besten zunächst mit der Hand, später mit einer Häsin durchgeführt. Wenn der Rammler gut stimuliert ist, kann man ihn sehr schnell zum Ejakulieren anregen. Man nimmt dafür eine Häsin oder ein Phantom (das kann ein über den Unterarm gelegtes Fell sein) und plaziert es so, daß der Rammler leicht aufspringen kann. Die trockene künstliche Scheide, die jetzt eine Innentemperatur von etwa 40 °C aufweist, wird mit dem Besamungsgläschen in die Nähe des Rammlers gebracht und der Penis eingeführt. Innerhalb weniger Sekunden kommt es zur Ejakulation und die künstliche Vagina kann mit dem Auffangglas wieder entfernt werden.

Wichtig ist, daß sofort nach der Spermaentnahme eine **Kontrolle des Spermas** erfolgt. Die Spermafarbe sollte schneeweiß sein und die Menge etwa 1 ml betragen. Ein eventuell vorhandener Spermapfropf, der für das Kaninchen typisch ist, muß möglichst sofort mit Hilfe einer Pipette oder eines Glasstabs entfernt werden. Das so gewonnene Sperma kann nun untersucht und verdünnt werden.

Unter Praxisbedingungen läßt sich das Sperma je nach Qualität 10- bis 20fach verdünnen. Hierzu wird ein spezieller Tris-Verdünner benutzt. Das verdünnte und kontrollierte Sperma wird mit Hilfe einer Einwegpipette in den Vaginabereich der Häsin eingeführt. Die Insemination wird am besten mit zwei Personen durchgeführt. Eine Person hält das Tier im Kopfbereich, während die zweite Person das Hinterteil der Häsin so anhebt, daß der Rücken leicht gebogen wird.

Haut, Haare, Hautdrüsen (Milchdrüse)

Die Haut dient als Schutz vor äußeren Einwirkungen (Licht, Nässe) und reguliert auch die Körperwärme. Die Oberhaut und die Lederhaut sind wie bei allen anderen Tieren aufgebaut. Nur die Unterhaut zeigt beim Kaninchen Besonderheiten. Sie läßt sich leicht verschieben, sitzt locker auf dem Körper und ermöglicht es uns, die Kaninchen am Fell zu greifen und zu tragen.

Zu den Anhangsgebilden der Haut gehören Haare, Krallen und die Milchdrüsen.

Das Kaninchenfell setzt sich aus feinen Wollhaaren, etwas festeren Deckhaaren und langen Grannenhaaren zusammen. Tasthaare, die der Orientierung im Raum dienen, befinden sich an der Oberlippe, am Kinn und an den Augen.

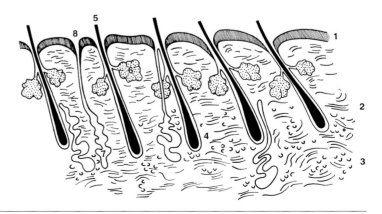

Querschnitt durch die Haut.
1 = Oberhaut, 2 = Lederhaut, 3 = Unterhaut, 4 = Haarwurzel, 5 = Haar, 6 = Talgdrüse, 7 = Schweißdrüse, 8 = Schweißpore.

Deckhaare und **Grannenhaare** bilden zusammen das Deckhaar. Dieses Deckhaar liegt bei Normalhaarkaninchen über den dünnen, zarten und kürzeren **Wollhaaren**. Auf ein Deckhaar kommen 20 bis 40 Wollhaare. Das Deckhaar ist deutlich dicker als das Wollhaar und das Grannenhaar ist besonders lang.

Die langen Tasthaare sieht man am Kopf und an der Oberlippe, am Kinn und an den Augen. Diese Haare geben bei Berührung einen Reiz an das Nervensystem weiter und helfen den Tieren, sich zu orientieren.

Das Haar der Angorakaninchen hat nur einen geringen Grannenanteil, es wächst schnell und besteht aus sogenannter Mischwolle. Die drei Haararten – Wollhaare, Deckhaare, Grannenhaare – sind nicht zu unterscheiden.

Beim Rexkaninchen sind die Grannenhaare genauso lang wie die Wollhaare, wodurch sich das Fell besonders weich anfühlt.

Die Kaninchen haben an den Vorderpfoten fünf **Krallen,** wobei die sogenannte Daumenkralle höher sitzt und keinen Bodenkontakt hat. An den Hinterpfoten befinden sich vier Krallen. Laufen die Kaninchen auf einem festen Untergrund, nutzen sich die Krallen ab. Haben die Tiere zu wenig Bewegung und ist der Untergrund weich, so fehlt die Abnutzung. Die Krallen müssen dann mit einer speziellen Krallenschere regelmäßig geschnitten werden.

Für die Ernährung der jungen Kaninchen sind bei der Häsin 6 bis 10 **Milchdrüsenkomplexe** an Brust und Bauch rechts und links ausgebildet. Während der Laktation wird die Milch in den Drüsenkomplexen kontinuierlich gebildet und kann von den Jungtieren abgesaugt werden.

Während der Trächtigkeit vergrößert sich die Milchdrüse und nimmt – besonders zwischen dem 16. und 26. Tag der Trächtigkeit – an Gewicht zu. Nach der Geburt erfolgt noch einmal ein Wachstumsschub bis zum 15. Tag nach der Geburt. Entzündungen des Gesäuges kommen besonders bei älteren Häsinnen vor.

Kaninchenkrallen müssen bei Haltung auf weichem Untergrund regelmäßig mit einer speziellen Krallenschere gekürzt werden.

Sinnesorgane

Um die Umgebung wahrnehmen zu können, sind die Kaninchen wie alle Säugetiere mit fünf Sinnen ausgestattet: Fühlen, Schmecken, Riechen, Hören und Sehen.

Für das nackt und blind geborene Jungkaninchen sind in den ersten Lebenstagen **Gefühls-** und **Geschmackssinn** lebenswichtig. Diese beiden Sinne sind daher schon zum Zeitpunkt der Geburt gut entwickelt; sie helfen dem Jung-

Sinnesorgane

Kaninchen haben ein ausgezeichnetes Gehör. Das Ohr ist aus verschiedenen Elementen aufgebaut: 1 = Felsenbein, 2 = Ohrmuschel, 3 = äußerer Gehörgang. Das Mittelohr setzt sich zusammen aus 4 = Trommelfell, 5, 6 und 7 = Gehörknöchelchen, 8 = ovales Fenster, 9 = Ohrtrompete und 10 = rundes Fenster. Das Innenohr besteht aus 11 = knöchernes Labyrinth, 12 = häutiges Labyrinth, 13 = Schnecke, 14 = Vorhof, 15 = Bogengänge des Labyrinths, 16 = Gehörnerv, 17 = Gleichgewichtsnerv.

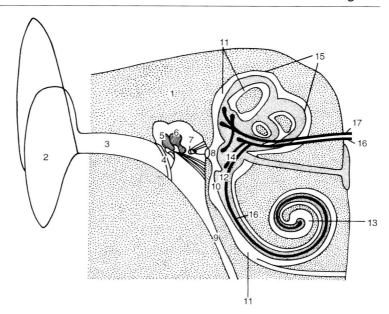

tier, sich zu orientieren, die Zitzen der Mutter zu finden und Nahrung aufzunehmen.

Da die Kaninchen oft sehr wählerisch in der Futteraufnahme sind, ist offensichtlich der Geschmackssinn besonders ausgeprägt. Sie können gut Süßes schmecken, reagieren aber weniger auf Bitteres.

Bei heranwachsenden Kaninchen gewinnt auch die Geräuschwahrnehmung eine zunehmende Rolle. Die Tiere werden wachsamer und auch empfindlicher gegenüber Lärmbelästigungen.

Bei Untersuchungen des Kaninchenauges hat man auffallende Ähnlichkeiten mit den Augen von Katzen und anderen nachtaktiven Tieren festgestellt. Kaninchen sind in der Lage, im Dämmerlicht besonders gut zu sehen. Auf Farbveränderungen reagieren sie dagegen weniger.

Fütterung

Der Magen-Darm-Trakt der Hauskaninchen ist das für Störungen anfälligste Organsystem und wird entscheidend von einer optimalen, ausgewogenen und artgerechten Fütterung beeinflußt. Fütterungsfehler können schwerwiegende Auswirkungen haben.

Für eine optimale Fütterung sollte man zunächst einige grundlegende Zusammenhänge kennen. Neben dem Hungergefühl, das in erster Linie vom Absinken des Glukosespiegels, der Aminosäuren, der Milchsäure und der flüchtigen Fettsäuren im Blut bestimmt wird, kann das Kaninchen offensichtlich aus der Erfahrung heraus Futtermittel geschmacklich unterscheiden und selektiv, je nach Freßlust, aufnehmen.

Während in der Intensivhaltung die Futteraufnahme allein durch das Hungergefühl bestimmt wird, wird bei der natürlichen Futtersuche oder bei der Kombinationsfütterung die Nährstoffversorgung durch die Wahl der Futterstoffe qualitativ und quantitativ beeinflußt. Die kombinierte Fütterung von Kraftfutter mit Beigaben von Grünfutter oder Heu hat daher den Vorteil, daß über den Sättigungsgrad hinaus Futter von den Tieren aufgenommen wird. Dies ist mit der Nahrungsaufnahme des Menschen vergleichbar, der nach einem ausgiebigen Hauptgericht den Sättigungsgrad bereits erreicht hat, aber für einen schmackhaften Nachtisch immer noch aufnahmebereit ist. Allerdings besteht bei dieser Fütterungsart, neben hygienischen Problemen bei der Darbietung des Futters, die Gefahr des Überfressens.

Eine entscheidende Rolle für die Futteraufnahme des Kaninchens stellt der **Energiegehalt** des Futters dar. Oberhalb einer bestimmten Energiekonzentration im Futter wird weniger Futter aufgenommen. In diesem Zusammenhang wird noch einmal auf den Regulationsmechanismus der **Coecotrophie** hingewiesen: Das Kaninchen nimmt den Blinddarmkot, der im Gegensatz zu Hartkot länglich geformt ist und eine klebrige Konsistenz aufweist (Weichkot), direkt vom After auf und verdaut ihn erneut. Dieser Vorgang wird besonders intensiv ausgeführt, wenn ein Energiemangel vorliegt. Reicht der Energiegehalt des Futters aus, so wird das Tier bei Defiziten im Proteingehalt der Ration mehr Weichkot aufnehmen. Die Coecotrophie hilft damit dem Kaninchen, die Rohfaser- und Proteinverdauung zu verbessern. Darüber hinaus kann sich das Kaninchen durch diesen Regulationsmechanismus mit B-Vitaminen versorgen, und es hilft ihm, Kalium und Natrium besser auszunutzen. Bei der wirtschaftlich orientierten Kaninchenhaltung mit weitgehender Fütterung von industriellem Fertigfutter kommt der

Coecotrophie allerdings nur eine untergeordnete Bedeutung zu.

Neben der Fütterung mit **Fertigfutter** kann auch eine Fütterung mit **Grobfutter** oder eine **Kombination** aus Grobfutter und Fertigfutter erfolgen. Daraus lassen sich die verschiedenen Futterrationen zusammenstellen.

Futterzusammensetzung

Der Futterwert der Nahrung, der ermittelt werden muß, um in der jeweiligen Entwicklungs- oder Leistungsphase der Kaninchen ihren Energiebedarf zu decken, richtet sich nach den **Inhaltsstoffen** der Futtermittel. Das Futter muß
– Rohprotein,
– Rohfaser,
– Kohlenhydrate,
– Fette und
– sogenannte Rohasche enthalten.

Diese Stoffe müssen leicht verdaulich sein, d.h. sie werden größtenteils nicht mit dem Kot wieder ausgeschieden, sondern vom Körper verwertet. Die Summe der verdaulichen Nährstoffe (Rohprotein, Rohfaser, Fette, Rohasche) in Gramm bilden die Grundlage für die Berechnung einer Futterration. Da das Kaninchenfutter wenig Fett enthält, muß kein spezieller Berechnungsfaktor für Fette berücksichtigt werden.

Eiweiß (Protein) muß ständig mit dem Futter zugeführt werden, da es der wichtigste Baustein des Körpers ist und nicht wie Fett gespeichert werden kann. Der Erhaltungsbedarf an verdaulichem Eiweiß beträgt ungefähr 2 bis 3 Gramm pro kg Körpergewicht und Tag. Wachsende Tiere und säugende Häsinnen haben einen höheren Eiweißbedarf.

> Wird die Rohproteinmenge auf Werte über 20% der Gesamtnahrung gesteigert, nimmt das Gesundheitsrisiko zu, da der Magen-Darm-Trakt der Kaninchen nicht auf solch hohe Eiweißwerte eingestellt ist.

Rohfaser hat bei Kaninchen eine wichtige Funktion. Sie ist ein Regulator der Verdauungstätigkeit. Die Verdauungsprozesse werden beschleunigt und der Kot wird verfestigt. Der Rohfasergehalt in der Futterration sollte zwischen 13 und 16% liegen. Rohfasermangel führt zur erhöhten Aufnahme von Haaren mit entsprechenden Folgen für die Verdauungstätigkeit: es kommt zur Verstopfung.

Kohlenhydrate sind die Energiespender in der Nahrung. Ihr Anteil in der Gesamtfutterration geht als Energie in die Menge der Gesamtnährstoffe ein. Der Energiebedarf pro Tier und Tag richtet sich nach Körpergewicht, Körperoberfläche und Leistung. So haben tragende und säugende Häsinnen einen bis zu 30% erhöhten Energiebedarf.

Fette sind im Kaninchenfutter nur in geringer Menge vorhanden (1 bis 2%), da die Futterpflanzen nur geringe Mengen Fett enthalten. Ein Bedarf an Fetten ist bei den Saugkaninchen vorhanden. Die Muttermilch deckt diesen Bedarf vollständig.

> Wird in den Fertigfuttermitteln der Fettgehalt auf 2 bis 4% erhöht, sind für die Mast bessere Ergebnisse zu erzielen.

Fütterung

Mineralstoffe, Spurenelemente und Vitamine sind weitere lebensnotwendige Inhaltsstoffe des Kaninchenfutters.

Mineralstoffe (Kalzium, Phosphor, Kalium, Natrium) werden zum Aufbau von Knochensubstanz dringend benötigt und müssen gerade bei den Jungtieren in ausreichender Menge zugeführt werden. Da das zugeführte Kalzium zu 60% wieder mit dem Harn ausgeschieden wird, ist eine regelmäßige Aufnahme von Kalzium mit der Nahrung notwendig. Auch in der Laktation werden bis zu 2 Gramm Kalzium pro Tier und Tag von der Häsin mit der Milch ausgeschieden.

> Optimal zusammengestellte Futterrationen decken den Bedarf an Kalzium und Phosphor ausreichend, wenn sie 0,8% Kalzium und 0,5% Phosphor enthalten. Ein Kalzium-Phosphor-Verhältnis von 1,5 : 1 sollte erreicht werden.

Der Kaliumbedarf wird von Futterpflanzen ausreichend abgedeckt. Natrium ist dagegen im Futter nur unzureichend vorhanden und sollte daher über kleine Mengen Kochsalz zugeführt werden. Fertigfutter enthält 0,5% bis 1% Kochsalz.

Spurenelemente (Eisen, Kupfer, Kobalt, Zink, Magnesium) sind Stoffe, die bei Fehlen in der Nahrung zu Mangelerscheinungen führen. Eine vielseitige und abwechslungsreiche Fütterung schließt aber eine Unterversorgung mit den genannten Stoffen in unseren Regionen aus.

> Fertigfuttermittel enthalten Mineralstoffzusätze, die den Bedarf an Spurenelementen vollständig decken.

Vitamine (A, B, E) müssen den Kaninchen mit dem Futter zum Teil zugeführt werden, während die B-Vitamine auch von den Bakterien im Kaninchendarm gebildet und durch die Coecotrophie den Tieren zur Verfügung gestellt werden.

Fütterungsmethoden

Wirtschaftseigene Futtermittel sind die eigenen Erzeugnisse des Betriebes. Dazu gehören Grünfutter, Wurzelfrüchte, Heu, Stroh, Garten- und Küchenabfälle sowie wild wachsende Pflanzen.

Klee, Luzerne, Futterroggen, Wicken und verschiedene Kohlarten gehören zu den Anbaupflanzen, die verfüttert werden können. Wird Grünfutter frühzeitig geschnitten, hat es einen hohen Eiweißanteil und einen niedrigen Rohfasergehalt. Liegt der Schnitt später, sind die Verhältnisse umgekehrt.

Unkräuter werden von vielen Kaninchen gerne aufgenommen, haben aber als Futter keine große Bedeutung. Löwenzahn oder die Taubnessel werden frisch gesammelt und verfüttert. Eine Trocknung für den Winter lohnt sich nicht.

Wird Grünfutter vom Wegrand oder von Wiesen gesammelt, ist darauf zu achten, daß die Pflanzen nicht gespritzt wurden. Große Bedeutung hat aber die Einschleppung von Viruskrankheiten mit Futterpflanzen in den eigenen Bestand, wenn auf den Wiesen- und Weideflächen auch Wildkaninchen Futter aufnehmen. Die gefürchtete »hämorrhagische« Kaninchenseuche (**R**abbit **H**aemorrhagie **D**isease, RHD) ist auf diesem

Fütterungsmethoden

Die Eignung einiger Unkräuter, Futterpflanzen und Küchenabfälle als Kaninchenfutter (nach SCHLEY 1986, verändert und gekürzt)

Pflanze	Eignung als Frischfutter	Lagerung	Bemerkungen
Unkräuter			
Ackerdistel	nur abgewelkt füttern	trocknen oder silieren	schimmelt leicht bei mangelnder Durchtrocknung
Beifuß	wird gern gefressen	trocknen oder silieren	
Brennessel	nur abgewelkt verfüttern	trocknen oder silieren	wertvoll, da ganzjährig hoher Vitamingehalt
Huflattich	wird gemischt gern gefressen	trocknen oder silieren	verdauungsfördernd, vorbeugend gegen Trommelsucht
Löwenzahn	erste Frischfutterpflanze im Frühling		Wurzel gilt als Leckerbissen
Schafgarbe	wird gern gefressen	trocken	Heu = ausgezeichnetes Winterfutter
Angebaute Futterarten			
Futtermöhren	werden gern gefressen	Lagerung in Mieten	wertvolles Zusatzfutter
Kleearten	nur rationiert verfüttern	trocknen oder silieren	Gefahr der Trommelsucht!
Kohl- oder Steckrübe	wird gern gefressen		keine fauligen oder gefrorenen Rüben verfüttern!
Luzerne	sehr eiweißreich	trocknen oder silieren	Kraftfutter kann reduziert werden
Mais	Grünmais und Körner	silieren	wertvolles Futter
Runkel- oder Futterrübe	nur zusammen mit Heu anbieten	silieren	Vorsicht bei gefrorenen Rüben, führen zu Trommelsucht!
Sonnenblume	sehr beliebt	silieren	auch Stengel und Körner werden gern gefressen
Garten- und Küchenabfälle			
Blumenkohlblätter	werden gern gefressen	silieren	
Brotreste	nur trocken verfüttern	trocknen	befriedigen das Nagebedürfnis, liefern viel Energie
Fallobst	wird gern gefressen		Faulstellen entfernen!
Kartoffelschalen	roh oder gekocht (roh nicht an Jungtiere!)	trocknen oder silieren	gekochte Schalen werden besser verwertet
Mohrrübenkraut	wird gern gefressen	silieren	unbedenklich
Salat	rationiert mit Heu verfüttern		wirkt abführend; Vorsicht bei welken, verschmutzten Blättern
Gewürzkräuter, z. B. Beifuß, Bohnenkraut, Dill, Fenchel, Kresse, Kümmel, Liebstöckel, Petersilie, Salbei, Schnittlauch	in kleineren Mengen bedenkenlos		wirken appetitanregend

Fütterung

Wege oft in die Haus- und Hobbykaninchenbestände eingeschleppt worden.

Die Tabelle auf Seite 27 gibt eine Übersicht über die für Kaninchen geeigneten Futterpflanzen, Garten- und Küchenabfälle.

Angemerkt werden muß bei der Verwendung von wirtschaftseigenem Futter, daß der Nährstoffgehalt oft nicht ausreicht. Um der Leistung der Kaninchen – insbesondere bei tragenden und laktierenden Häsinnen und bei Masttieren gerecht zu werden, ist es fast unumgänglich, Kraftfutter oder Handelsfutter zuzufüttern.

Fertigfutter (Handelsfutter) ist ein Preßfutter in Pelletform, das von verschiedenen Futtermittelherstellern als Sackware oder als lose Ware angeboten wird. Je nach Bedarf stehen verschiedene Futterarten zur Verfügung: Das Erhaltungs- und Zuchtfutter und das reine Mastfutter. Hierfür gibt es Fütterungsempfehlungen der Deutschen Landwirtschaftlichen Gesellschaft (DLG).

Die im Handel angebotenen Fertigfuttermischungen können als Alleinfutter angesehen werden, da die Hersteller alle für die Tiere notwendigen Stoffe in das Futter eingemischt haben. Mineralstoffe, Spurenelemente und Vitamine sind also in ausreichender Menge vorhanden.

Mastfertigfutter enthält, um die Energie zu erhöhen, einen zusätzlichen Fettanteil von 2 bis 4%.

Am häufigsten wird heute eine **kombinierte Fütterung** aus wirtschaftseigenem Futter und Fertigfuttermitteln für die Kaninchenfütterung eingesetzt. Damit wird man einerseits den geschmacklichen Anforderungen der Kaninchen gerecht und andererseits ist die ausreichende Versorgung mit allen erforderlichen Inhaltsstoffen in jeder Beziehung durch das Fertigfutter gewährleistet. Das Fertigfutter steht jederzeit zur Verfügung, so daß der Kaninchenhalter ohne Schwierigkeiten grünfutterarme Jahreszeiten und Zeiten besonderer Arbeitsbelastung bei der Futterbeschaffung und Futterzubereitung überbrücken kann.

Fütterungstechnik

Die Fütterungstechnik beginnt bereits bei der Lagerhaltung und dem Transport des Futters. Es muß gewährleistet sein, daß durch die Lager- und Transportverhältnisse das Futter nicht verunreinigt, chemisch oder organisch verändert oder mit Schädlingen oder Schadstoffen kontaminiert wird.

Grünfutter, das auf Wiesen und Feldern geerntet wird, darf auf keinen Fall stark gepreßt oder lange Zeit auf größeren Haufen gelagert werden. Es kommt sehr schnell zu Gärungsprozessen, die die Eiweißstruktur des Grünfutters verändern und zu Verdauungsstörungen führen. Bei Wurzel- und Knollenfrüchten, die sehr häufig in Mieten gelagert werden, ist auf jeden Fall Frostsicherheit zu gewährleisten. Oft werden diese Mieten auch von Schadnagern heimgesucht, die ein großes Krankheitsrisiko für unsere Hauskaninchen darstellen, da sie verschiedene Krankheitserreger übertragen können.

Rauhfutter wie Heu oder Stroh muß selbstverständlich trocken gelagert werden, wobei auch hier das Eindringen von Mäusen und Ratten möglichst verhindert werden sollte.

Aber auch bei industriell hergestelltem **Pelletfutter** können Transport und Lagerung die Qualität entscheidend beeinflussen. Wird dieses Futter als Sackware geliefert, so sollte man sich davon überzeugen, daß die Säcke sowohl beim Händler als auch während des Transportes und im eigenen Lager so gepackt werden, daß keine Feuchtigkeit eindringen kann. Die Säcke werden also am besten auf Paletten gestapelt und gegebenenfalls so abgedeckt, daß die Luft zirkulieren kann, aber Vögel die Säcke nicht beschädigen können. Beschädigte Säcke müssen extra gestellt und der Inhalt möglichst schnell verfüttert werden.

Der Bezug von **losem Futter** ist in der gewerblich orientierten Kaninchenhaltung üblich. Das Futter wird mit Silowagen angeliefert und über ein Gebläse in vorhandene Silos befördert. Es sollte darauf geachtet werden, daß der Druck des Gebläses 1 bar nicht überschreitet. Auch ist der Weg des Fahrzeugschlauches zum Silo möglichst kurz zu halten, da sowohl zu hoher Druck als auch ein langer Transport durch den Gebläseschlauch die Pellets an den Kanten abreibt oder zu Bruchstücken führen kann. Dieser Abrieb wird von den Kaninchen nur sehr ungern gefressen, er führt auf jeden Fall zu einer verminderten Futteraufnahme.

Aber auch die Lagerung im **Futtersilo** ist nicht unproblematisch. Man unterscheidet zwischen Innen- und Außensilos, wobei die Innensilos in Bezug auf die Futterqualität günstiger bewertet werden können, da sie nicht in so starkem Maße Temperaturschwankungen ausgesetzt sind.

Als Material für die Silos wird Holz, Blech, Kunststoff oder Gewebe angeboten. **Holzsilos** haben den Nachteil, daß sie sehr schlecht zu desinfizieren sind und auch Schadnagern leichter den Zugang ermöglichen. **Blechsilos** werden heute immer weniger eingesetzt, da sich die Kondenswasserbildung als besonders problematisch erwiesen hat. Sehr häufig findet man **Kunststoffsilos,** die angenehm zu reinigen und zu desinfizieren sind. Allerdings sind hierbei starke Qualitätsunterschiede festzustellen. Man sollte besonders darauf achten, daß der Kunststoffsilo aus einem Teil gearbeitet und nicht aus mehreren Formen zusammengesetzt ist. Im Laufe der Zeit zeigen sich nämlich sehr häufig an den Verbindungsstellen kleine Haarrisse oder größere Öffnungen, die das Eindringen von Feuchtigkeit ermöglichen.

Lagerbehälter aus **Gewebe** werden überwiegend als Innensilos eingesetzt. Sie ermöglichen eine Belüftung des Futters und werden so angebracht, daß kein Ungeziefer sie beschädigen kann.

Aus den Silos gelangt das Futter entweder über Schnecken, Spiralen oder Rutschen in den eigentlichen Stallraum. Wenn die Möglichkeit besteht, sollte man auf jeden Fall den Silo so hoch anbringen, daß man mit Rutschen arbeiten kann, da hierbei der Abrieb geringer ist als bei Spiralen oder Schnecken. Auf jeden Fall sollte man aber den Weg des Futters vom Silo in den Stallraum nutzen, um eine Siebvorrichtung einzusetzen, die schon an dieser Stelle weitge-

Fütterung

hend den Abrieb von den Pellets trennt. Der Transport des Futters zum Tier erfolgt in der Regel mit Futterwagen oder auch gelegentlich – bei größeren Beständen – mit automatischen Fütterungseinrichtungen. Sicherlich wird durch automatische Fütterungseinrichtungen Arbeitszeit eingespart – andererseits stellt sich jedoch die Frage, ob die erforderliche tägliche Kontrolle der Tiere in solchen Systemen immer ausreichend durchgeführt wird.

Eine ganz entscheidende Funktion und Bedeutung kommt dem **Futterbehälter** in der Kaninchenbucht zu.

Wird Rauh- oder Grünfutter eingesetzt, kann dieses über **Raufen** angeboten werden. Beim Kauf oder bei der Herstellung einer Raufe ist darauf zu achten, daß sie aus stabilem Material gefertigt ist. Auch die Befestigung im Käfig muß stabil sein, um den Beanspruchungen durch das Tier standzuhalten. Andererseits ist es wichtig, daß diese Einrichtungen abnehmbar sind, damit die Raufen auch innen von Zeit zu Zeit gereinigt werden können. Jungtiere versuchen immer wieder, in die Raufen zu gelangen, da sie hier einen angenehmen Ruheplatz finden. Dies sollte jedoch unbedingt verhindert werden, da durch die Wärme des Tierkörpers Gärungsprozesse, besonders im Grünfutter, eingeleitet werden, die erhebliche Verdauungsstörungen zur Folge haben können. Man verhindert das Einsteigen der Jungtiere in die Raufen, indem die Raufe mit einem Deckel abgedeckt wird und auch die Stäbe bzw. die Maschen der Raufe nicht breiter als 2 cm sind.

Bei den meisten Drahtkäfigen kann das Rauh- oder Grünfutter auf die Oberseite des Käfigs gelegt werden. Dies ist eine sehr gute Methode, da einerseits das Muttertier aktiv werden und sich bewegen muß, um an das Futter zu gelangen, andererseits wird zugleich verhindert, daß die Jungtiere das Futter beschmutzen. Auch das selektive Fressen des Muttertieres wird mit diesem Verfahren weitgehend unterbunden.

Pelletfutter sollte den Tieren über **Futterautomaten** gegeben werden. Futterschalen aus Ton, wie sie im Hobbybereich sehr häufig eingesetzt werden, sind im Grunde genommen nur dann zu verwenden, wenn sie täglich gereinigt werden können. Sie haben den Nachteil, daß sie von den erwachsenen Kaninchen relativ leicht umgeworfen werden. Ein weiterer entscheidender Nachteil ist die Verschmutzung dieser Schalen durch

Futterraufen müssen mit einem Deckel abgedeckt werden, damit die Jungtiere nicht in die Raufe klettern und das Futter beschmutzen können.

Es gibt verschiedene Modelle von Futterautomaten aus Kunststoff, Plexiglas oder Blech. Wichtig ist, daß der Futternachlauf gut funktioniert.

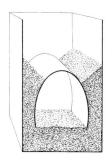

Exkremente von Jung- und Alttieren. Die jungen Kaninchen setzen sich sehr gern in diese Gefäße und geben während des Fressens Kot ab, der dann von anderen Tieren wieder aufgenommen wird.

Die Futterautomaten werden im Käfig oder am Frontgitter des Käfigs angebracht und sind in der Regel aus Kunststoff, Blech oder Plexiglas gefertigt. **Kunststoff** und **Plexiglas** hat gegenüber dem verzinkten **Blech** hygienische Vorteile, die Bruchgefahr ist allerdings wesentlich höher. Futterautomaten aus **Edelstahl** sind die beste Lösung. Dieses Material ist aber nicht billig.

Der Futterautomat muß eine funktionierende **Futternachlaufregelung** haben und sollte im Bodenbereich rund gearbeitet sein. Überhaupt kommt dem Boden des Futterautomaten eine entscheidende Bedeutung zu. Öffnungen im Boden bewirken, daß Abrieb aus dem Futterautomat herausrieselt und somit dem Kaninchen ständig nachlaufende Pellets zur Verfügung stehen. Die Öffnungen müssen in ausreichender Zahl und in ausreichender Größe vorhanden sein.

Die Freßöffnung des Futterautomaten sollte etwa 8 bis 10 cm oberhalb des Käfigbodens liegen und muß so groß gewählt werden, daß auch schwere Rammler leicht Futter aufnehmen können. Der Bereich unterhalb der Freßöffnung sollte durch ein Blech abgedeckt werden, damit waagerecht abgesetzter Urin nicht am Futterautomat entlang läuft und über die Bodenschlitze in das Futter hineingezogen wird.

Bei der wirtschaftlich orientierten Kaninchenhaltung spielt die Arbeitszeit eine wichtige Rolle. Der Futterautomat sollte deshalb so angebracht sein, daß er gefüllt werden kann, ohne daß der Käfig geöffnet werden muß. Des weiteren muß er gut herausnehmbar und leicht zu reinigen sein. Die Befestigung des Futterautomaten muß so sein, daß er auch im leeren Zustand nicht von den Tieren heruntergeworfen werden kann.

Futterzuteilung und Futtermenge

Frische Futtermittel sollten so verabreicht werden, daß keine größeren Restmengen verbleiben und somit Gärungsprozesse im Futter ausgeschlossen wer-

Fütterung

Orientierungsdaten zum Fütterungsprogramm für Mastkaninchen bei Sofortpaarung

Mastabschnitt	durchschnittlicher Verzehr an Mastpellets je Tag	durchschnittliches Gewicht je Jungtier
1. Säugewoche	200 g für 1 Häsin und 8 Junge	
2. Säugewoche	350 g für 1 Häsin und 8 Junge	
3. Säugewoche	450 g für 1 Häsin und 8 Junge	0,3–0,4 kg
4. Lebenswoche	350 g für 8 Junge ohne Häsin	0,5–0,7 kg
5. Lebenswoche	400 g für 8 Junge ohne Häsin	0,7–1,0 kg
6. Lebenswoche	550 g für 8 Junge ohne Häsin	0,9–1,3 kg
7. Lebenswoche	700 g für 8 Junge ohne Häsin	1,2–1,6 kg
8. Lebenswoche	800 g für 8 Junge ohne Häsin	1,5–1,9 kg
9. Lebenswoche	900 g für 8 Junge ohne Häsin	1,8–2,2 kg
10. Lebenswoche	1000 g für 8 Junge ohne Häsin	2,1–2,5 kg
11. Lebenswoche	1100 g für 8 Junge ohne Häsin	2,3–2,7 kg
12. Lebenswoche	1200 g für 8 Junge ohne Häsin	2,5–2,9 kg

Orientierungsdaten zum Fütterungsprogramm für Mastkaninchen bei Spätpaarung

Mastabschnitt	durchschnittlicher Verzehr an Mastpellets je Tag	durchschnittliches Gewicht je Jungtier
1. Säugewoche	200 g für 1 Häsin und 8 Junge	
2. Säugewoche	350 g für 1 Häsin und 8 Junge	
3. Säugewoche	450 g für 1 Häsin und 8 Junge	0,3–0,4 kg
4. Säugewoche	550 g für 1 Häsin und 8 Junge	0,5–0,7 kg
5. Säugewoche	700 g für 1 Häsin und 8 Junge	0,7–1,0 kg
6. Säugewoche	900 g für 1 Häsin und 8 Junge	0,9–1,3 kg
7. Lebenswoche	750 g für 8 Junge ohne Häsin	1,2–1,6 kg
8. Lebenswoche	800 g für 8 Junge ohne Häsin	1,5–1,9 kg
9. Lebenswoche	900 g für 8 Junge ohne Häsin	1,8–2,2 kg
10. Lebenswoche	1000 g für 8 Junge ohne Häsin	2,1–2,5 kg
11. Lebenswoche	1100 g für 8 Junge ohne Häsin	2,3–2,7 kg
12. Lebenswoche	1200 g für 8 Junge ohne Häsin	2,5–2,9 kg

Futterzuteilung und Futtermenge

(nach einer Informationsschrift der Firma Deuka)		
durchschnittlicher Futterverzehr für Häsin und Junge	durchschnittliche Futterverwertung für Häsin und Junge	durchschnittliche tägl. Zunahme je Jungtier
1,4 kg		10 g
3,9 kg		10–15 g
7,1 kg		20–25 g
9,6 kg		25–30 g
12,4 kg	1,6–2,0 : 1	40–45 g
16,3 kg	1,7–2,1 : 1	40–45 g
21,2 kg	1,8–2,2 : 1	40–45 g
26,8 kg	1,9–2,3 : 1	40–45 g
33,1 kg	1,0–2,4 : 1	40–45 g
40,1 kg	2,2–2,5 : 1	30–35 g
47,8 kg	2,3–2,7 : 1	30–35 g
56,0 kg	2,6–3,0 : 1	30–35 g

(nach einer Informationsschrift der Firma Deuka)		
durchschnittlicher Futterverzehr für Häsin und Junge	durchschnittliche Futterverwertung für Häsin und Junge	durchschnittliche tägl. Zunahme je Jungtier
1,4 kg		10 g
3,9 kg		10–15 g
7,1 kg		20–25 g
11,0 kg		30–40 g
15,9 kg		40–45 g
22,2 kg		40–45 g
27,5 kg		40–45 g
33,1 kg	2,2–2,6 : 1	40–45 g
39,4 kg	2,3–2,7 : 1	40–45 g
46,4 kg	2,4–2,8 : 1	30–35 g
54,1 kg	2,6–3,0 : 1	30–35 g
62,5 kg	2,8–3,2 : 1	30–35 g

Fütterung

> Als Richtwerte für mittelschwere Rassen können folgende Mengen angenommen werden (nach SCHLEY 1986):
> - niedertragende Häsin 120 bis 160 g Zuchtfutter
> - hochtragende Häsin 150 bis 200 g Zuchtfutter
> - säugende Häsin bis 3. Woche nach Geburt 250 bis 450 g Zuchtfutter
> - 4 bis 6 Wochen nach Geburt 450 bis 900 g Zuchtfutter
> - Rammler (nach Beanspruchung) 120 bis 200 g Zuchtfutter
> - Jungtiere (7. bis 12. Woche) 100 bis 150 g Zuchtfutter
> - Zuchttiere (wachsend) 90 bis 140 g Zuchtfutter

den. Wird im Futter Gärung festgestellt, so müssen solche Futtermittel sofort aus dem Stall bzw. dem Käfig entfernt werden. Bei Grünfütterung ist es ratsam, mehrere kleine Portionen pro Tag anzubieten. Das verbessert auch die Hygiene im Stall oder Käfig. Das Futterangebot sollte so dosiert werden, daß es nicht zur Verfettung der Kaninchen kommt. Sowohl bei den Häsinnen als auch bei den Rammlern leidet die Fruchtbarkeit bei Verfettung.

Stehen wirtschaftseigene Futtermittel zur Verfügung, so sollte das Grundfutter zweimal täglich gegeben werden. Eine halbe Stunde nach der Futtergabe sollte das Futter aufgefressen sein. Es muß dabei berücksichtigt werden, daß Kaninchen viele kleinere Mahlzeiten pro Tag einnehmen; dies ist wichtig für eine ordnungsgemäße Funktion ihres Verdauungssystems. Die vorangegangenen Tabellen sollen als Orientierungshilfen für ein Fütterungsprogramm für Mastkaninchen dienen.

Für die Jungtiere ist das **Absetzen** von den Muttertieren eine erhebliche Belastung. Die Zahl der Verluste ist gerade in dieser Phase besonders hoch. Es ist daher wichtig, in den ersten Tagen nach dem Absetzen ein nicht zu energiereiches Futter anzubieten und gegebenenfalls die Futterrationen pro Tag etwas zu reduzieren. Anstatt 130 g Futter kann man nur 100 g Alleinfutter pro Tier und Tag anbieten. Verluste können dadurch reduziert werden.

Die **Fütterung der Angorakaninchen** erfordert etwas Fingerspitzengefühl. Während der Aufzucht sollte die Fütterung nicht zu reichlich sein, da die Tiere sonst verfetten. Eine Beeinträchtigung der Wollbildung ist die Folge. Nach der Schur brauchen diese Tiere aber wieder ungefähr 40% mehr Futter, damit sie ihre Körpertemperatur halten können. Wird ständig Rauhfutter angeboten, wird das Wollefressen eingeschränkt. Außerdem unterstützt das Rauhfutter die Ausscheidung der aufgenommenen Wolle, die sich sonst in Form von Haarballen (Bezoare) im Magen festsetzt. Das kann zu Verlusten führen.

Trinkwasserversorgung

Wie alle anderen Säugetiere benötigt auch das Kaninchen Trinkwasser, wenn auch hier und da die Meinung vorherrscht, daß das Kaninchen kein Wasser benötigt oder sogar kein Wasser aufnehmen darf. Auch bei der kombinierten Fütterung ist die Wassergabe unbedingt erforderlich, da die Verwertbarkeit des Futters durch den tierischen Körper im engen Zusammenhang mit der Wasseraufnahme steht.

Umweltbedingungen wie hohe Umgebungstemperatur – beispielsweise sommerliche Hitze oder hohe Stalltemperatur –, die Art der Fütterung (Trockenfutter oder Saftfutter), Leistung (Laktation, Wachstum) und Erkrankungen (hier vor allem Durchfälle) können den Wasserbedarf der Kaninchen ganz erheblich verändern.

> Trinkwasser muß deshalb unbedingt immer in ausreichender Menge zur Verfügung stehen, und es sollte immer sauber und frisch sein.

Auch bei der Fütterung von **Saftfutter** muß berücksichtigt werden, daß nur ein Teil des Wasserbedarfs durch das Saftfutter gedeckt wird. Der andere Teil muß auch in diesem Fall über die Tränken angeboten werden. Deshalb darf auch bei der Zufütterung von Saftfutter niemals auf das Trinkwasser verzichtet werden! Ein Vorteil des Angebotes von Saftfutter zusätzlich zum Trockenfutter ist diese erhöhte Wasseraufnahme, die zur Erhöhung der Harnmenge beiträgt und damit Erkrankungen der Harnorgane wie Harngries- oder Harnsteinbildung vorbeugt.

Der **Wasserbedarf** ist an heißen Tagen oder bei Tieren, die besondere Leistungen erbringen müssen, sehr hoch. So nimmt eine säugende Häsin, die in der Hochlaktationsphase etwa 250 g Milch an ihre Jungtiere abgibt, mehr als 1 Liter Wasser pro Tag auf. Aber auch bei heranwachsenden Aufzuchttieren ist immer wieder zu beobachten, daß Wasser- und Futteraufnahme in unmittelbarem Zusammenhang stehen. Es ist daher ratsam, Futter- und Wasserquelle nicht unmittelbar nebeneinander anzubringen, da sonst Wasserreste das Futter aufweichen können.

Das zur Verfügung gestellte Wasser sollte möglichst den Trinkwasseranforderungen genügen. Nur dann ist im Grunde genommen gewährleistet, daß eine weitgehend gleichbleibende Zusammensetzung und Schadstofffreiheit des Wassers vorliegt. Die Versorgung über einen Brunnen ist möglich, es sollte allerdings in regelmäßigen Abständen eine Untersuchung der Wasserqualität erfolgen.

Neben den **Inhaltsstoffen** ist auch die **Temperatur** des Wassers von Bedeutung. Man sollte stets bemüht sein, das Wasser nicht übermäßig kalt anzubieten. In größeren Beständen wird dies dadurch erreicht, daß man das Wasser in Vorratsbehältern lagert, die im Stallbereich mit einem Deckel versehen installiert sind, bevor man es den Tieren zur Verfügung stellt. Bei der Außenhaltung oder Halboffenhaltung besteht im Winter die Gefahr des Einfrierens. In diesen Fällen sollte in Kleinbeständen auf ein permanentes Wasserangebot verzichtet werden. Man muß sich in einer derartigen Haltungsform damit behelfen, daß man möglichst mehrmals täglich für wenige Minuten vorgewärmtes Wasser zur Verfügung stellt. In größeren Außenhaltungen hilft

Fütterung

ein System, das sich recht gut bewährt hat. Dabei wird aus einem Vorratsbehälter der mit einer Art Tauchsieder vorgewärmte Wasservorrat ständig durch ein Tränkleitungssystem gepumpt.

Im Handel werden unterschiedliche **Tränksysteme** angeboten. Für Kleinbestände werden gelegentlich glasierte Tontöpfe empfohlen, die aber hygienisch nicht unbedenklich sind. Wasserflaschen, die mit einem Glas- oder Plastiknippel den Tieren Wasser zur Verfügung stellen, werden in der Regel am Frontgitter des Käfigs angebracht. Sie müssen täglich neu befüllt werden und werden von den Tieren sehr gut angenommen. Nachteilig ist bei diesem System, daß durch Spielen der Tiere am Nippel besonders hohe Wasserverluste auftreten können, und die Bruchgefahr ist sowohl bei Flaschen als auch bei den Glas- oder Plastiknippeln nicht unerheblich. Nippel aus Edelstahl eignen sich dagegen wesentlich besser.

In Großbetrieben verwendet man **Tränkleitungen,** in die **Nippel- oder Beißtränken** eingeschraubt sind. Die Beißtränken sind funktionstüchtige Einrichtungen, die allerdings ein höheres hygienisches Risiko darstellen, da mit einer kleinen Vorratsschale gearbeitet werden muß. Am häufigsten verbreitet ist der an der Tränkleitung angeschraubte **Edelstahlnippel,** der auch beim Kaninchen problemlos funktioniert. Dabei hebt das Tier mit der Zunge einen konisch gearbeiteten Stift und bewirkt somit den Wasseraustritt. Dieser Nippel sollte etwa 17 bis 20 cm vom Käfigboden entfernt sein, um einerseits bereits den Jungtieren den Zugang zum Wasser zu ermöglichen, zum anderen aber auch um zu verhindern, daß die Häsin mit ihrem Rücken an den Nippel gerät und so einen ständigen Wasserausfluß verursacht.

Von Verhaltensforschern wird dem Nippelsystem allerdings vorgeworfen, daß es eine unnatürliche Form der Wasseraufnahme darstellt.

> Tränkleitungen müssen immer so verlegt werden, daß das Kaninchen keine Möglichkeit hat, Verbindungsstücke oder Verlängerungsstücke anzunagen.

Sie müssen in regelmäßigen Abständen gereinigt werden, und beim Neubesatz des Käfigs ist darauf zu achten, daß der Nippel kontrolliert und desinfiziert wird.

Richtwerte für den täglichen Wasserbedarf von Kaninchen mittelschwerer Rassen bei Ernährung mit Trockenfutter

Jungtiere	0,2–0,3 Liter
ausgewachsene Tiere	0,3–0,5 Liter
Häsinnen kurz vor der Geburt	1,0 Liter
Häsinnen mit großen Würfen 14 Tage nach der Geburt	0,8–1,5 Liter
Häsinnen mit großen Würfen 14–28 Tage nach der Geburt	1,5–2,5 Liter
Häsinnen mit großen Würfen 28–42 Tage nach der Geburt	2,5–3,5 Liter

Haltung

Die erste Form der Kaninchenhaltung wird bei den Römern beschrieben, die ihre Kaninchen in sogenannten **Leporarien** hielten. Bei diesen Leporarien handelte es sich um größere Freigehege, in denen ursprünglich Feldhasen und alte Hasen eingesetzt worden waren. Offensichtlich hatte man aber sehr schnell erkannt, daß das Kaninchen diese Form der Gefangenhaltung eher akzeptierte als der Hase. Während man zunächst Jungtiere einfing, um diese dann in den Gehegen aufzuziehen, entwickelte sich sehr bald eine Gehegezucht, die aber offenbar unkontrolliert erfolgte.

Ein entscheidender Schritt für die Haustierwerdung des Kaninchens wurde von südfranzösischen Mönchen getan. Bei ihnen waren während der Fastenzeit Kaninchenembryonen und neugeborene Kaninchen als besonderer Leckerbissen begehrt. Es resultiert sicherlich daher, daß sie eine kontrollierte Zucht in kleineren Ställen der Freilandhaltung in den Klostergärten vorzogen.

Aus diesem Domestikationsverlauf läßt sich schließen, daß das Kaninchen ein hohes Anpassungsvermögen besitzt und offensichtlich den Bewegungsdrang der Hasen nicht im gleichen Maße verspürt.

Die Haltung in **Freigehegen** ist heute äußerst ungewöhnlich. Kaninchen werden in **Außen- oder Innenstallungen** gehalten, wobei man zwischen der Einstreuhaltung und der einstreulosen Haltung sowie zwischen Einzel-, Gruppen- und Großgruppenhaltung unterscheidet.

Das Tierschutzgesetz von 1972 fordert, daß Tiere »eine angemessene artgerechte Nahrung und Pflege sowie eine verhaltensgerechte Unterbringung« haben

Bei diesem Außenstall bietet der dichte Efeubewuchs zusätzlichen Schutz vor Witterungseinflüssen.

Haltung

Ein zweigeschossiger Innenstall.

müssen. »Das artgemäße Bewegungsbedürfnis der Tiere darf nicht dauernd und nicht so eingeschränkt werden, daß dem Tier vermeidbare Schmerzen oder Schäden zugefügt werden.« Diese Passagen des Tierschutzgesetzes treffen auch für die Kaninchenhaltung zu und müssen von jedem Kaninchenhalter berücksich-

Platzbedarf und Besatzdichte von Kaninchen in Käfig- und Bodenhaltung (nach SCHLEY 1986, verändert)

Rasse	Käfighaltung (1 Zuchthäsin mit Nachzucht)			Bodenhaltung (Jungtieraufzucht bzw. Mast)
	Breite (cm)	Tiefe (cm)	verfügbare Höhe (cm)	Tiere/m^2 Bodenfläche
Zwerge (bis 1,6 kg)	60	50–60	35–40	8–12
kleine Kaninchen (1,7–3,5 kg)	60–80	50–60	40–50	6–8
mittelgroße Kaninchen (3,5–5,5 kg)	80–100	50–70	40–60	4–6
große Kaninchen (über 5,5 kg)	100–150	80	60–70	3–4
Mastkaninchen (bis 2,7 kg)	mind. 800 cm^2/Tier		35–40	5–8
Angorakaninchen	mind. 2000 cm^2/Tier		35–40	–

Bei der Haltung mit Einstreu muß das Stroh regelmäßig gewechselt werden.

tigt werden. Jeder Halter sollte also seine Kaninchen so unterbringen, daß kein Anlaß zur Kritik entsteht. Verbindliche Rechtsvorschriften für die Kaninchenhaltung liegen noch nicht vor. Es gibt aber Empfehlungen der WRSA (**W**orld **R**abbit **S**cience **A**ssociation), nach denen sich der Kaninchenhalter hinsichtlich Platzbedarf und Besatzdichte richten kann.

Haltung mit Einstreu

Eine Kaninchenhaltung mit Einstreu kann sowohl im Außenstall als auch im Innenstall erfolgen. Außenanlagen können Einzelbuchten oder Mehrbuchtenställe umfassen.

In der **Einzelbucht** kann nur eine Häsin mit Jungtieren bis zum Absetzen untergebracht werden. Die Mindest-Grundfläche beträgt ungefähr 1 m Breite, 0,60 m Tiefe und 0,50 m Höhe.

Wichtig ist bei dieser Haltungsform, daß die Bucht nicht überbesetzt ist und daß sie regelmäßig mindestens zweimal pro Woche entmistet wird. Die Einstreu muß immer trocken sein und darf nicht mit Futterresten durchsetzt sein. Diese Form der Haltung kann der Einstieg für eine Hobbyzucht sein.

Mehrbuchtenställe sind ähnlich aufgebaut wie die Einzelbucht. Die Ställe haben meist mehrere Etagen und es stehen mehrere Buchten auf einer Frontlänge von 4 bis 5 m nebeneinander. Die Wasserversorgung geschieht in der Regel mit Wasserflaschen von außen. Die Einstreu besteht aus Stroh, aber auch Hobelspäne und Torfmull finden Verwendung. Als nützlich für die Entmistung hat sich das Anbringen von Kotschubladen und Gitterrosten herausgestellt. Auch in dieser Haltungsform ist auf die **trockene** Einstreu mit regelmäßiger Entmistung zu achten (mindestens zweimal pro Woche).

Haltung

> Bei jeder Form der **Außenhaltung** muß man bedenken, daß über Insekten Virusinfektionen (z.B. Myxomatose oder die hämorrhagische Kaninchenseuche) auf die Kaninchen übertragen werden können, so daß eine gewissenhafte Gesundheitsvorsorge (Impfung) unbedingt erforderlich ist.

Innenställe haben den Vorteil, daß die Käfige keine Wärmeisolierung brauchen. Sie können für die Hobbyhaltung in ähnlicher Form wie die Außenanlage aufgebaut sein. Die Größe der Räumlichkeiten ist entscheidend.

Ist die Stallfläche groß genug, kann auch eine **Bodenhaltung** auf Tiefstreu erfolgen. Größere Gruppen von Jungtieren können so bis zur Geschlechtsreife untergebracht werden. Man rechnet pro m^2 Stallfläche ungefähr 5 Tiere einer mittelschweren Rasse bis 2,5 kg Körpergewicht. Die Bodenfläche kann durch das Anbringen von Trennwänden auch weiter unterteilt werden, so daß mehrere Altersklassen gleichzeitig gehalten werden können. Der Boden sollte ein ausreichendes Gefälle haben, damit der Harn abfließen kann und die Einstreu länger trocken bleibt. Tränken müssen an der tiefsten Stelle angebracht werden.

Haltung ohne Einstreu

Diese Form der Haltung ist nur im Innenstall möglich, da hier auf die wärmende Einstreu verzichtet werden kann. Im Handel werden die verschiedensten Käfigformen angeboten, von offenen Drahtkäfigen bis hin zu geschlossenen Käfigen, in denen die Tiere mehr Ruhe haben. Ein bis drei Käfigetagen sind ebenfalls möglich.

Als vorteilhaft sind Käfige in nur einer Etage anzusehen, da solche Anlagen gut kontrollierbar sind. Erkrankungen können schnell erkannt werden. Der Mehretagenkäfig macht eine bessere Raumausnutzung möglich, erschwert aber die Gesundheitskontrolle. Kot und Urin werden über Ableitfolien oder -bleche aus den oberen Etagen zum Kotgang abgeleitet.

Eine ganz besonders große Bedeutung für Gesundheit und Wohlbefinden der Tiere haben die Flächen, auf denen sie laufen und sitzen. Auch hierfür bietet der Fachhandel **Roste** aus den verschiedensten Werkstoffen (Holz, Draht, Plastik oder Lochbleche) an. Die **Holzroste** haben sich sehr gut bewährt, sie haben allerdings den Nachteil, daß sie schlecht zu reinigen sind. In jedem Fall muß bei dem Einsatz von Holzrosten darauf ge-

> Die **Bodenhaltung** hat mehrere Nachteile:
> – erhöhte Ansteckungsgefahr für die Tiere untereinander
>   (Schnupfen, Parasiten);
> – männliche Tiere tragen mit Eintritt der Geschlechtsreife Rangordnungskämpfe aus;
> – Häsinnen zeigen starke Erregung, die Zahl der Jungtiere pro Wurf ist reduziert, die Jungtierverluste sind größer.

Seit einigen Jahren sind gratfreie Kunststoffroste auf dem Markt, die sich bei der Kaninchenhaltung ohne Einstreu gut bewähren.

achtet werden, daß Hartholz verwendet wird.

Sehr häufig werden **Drahtroste** eingesetzt. Es handelt sich dabei in erster Linie um verzinkten Draht, Edelstahl findet aus Kostengründen selten Verwendung. Der Drahtrost sollte nicht als quadratische Masche ausgeführt sein, sondern Längsmaschen aufweisen. Besondere Beachtung ist der Verzinkungsqualität zu widmen, da kleine Grate oder Verdickungen im Zink zu schweren Verletzungen der Läufe führen können.

Plastikroste werden erst seit wenigen Jahren angeboten. Dieses Material hat den Vorteil, daß es eine gute Isolierwirkung zeigt und in der Regel vollkommen gratfrei verarbeitet ist. Allerdings haben sich die Formen der Roste bisher nicht als geeignet erwiesen. Entweder war die Auftrittsfläche der Plastikroste so breit, daß sich Feuchtigkeit und Urin dort sammelte, oder sie waren so schmal gehalten, daß sie in kürzester Zeit von den Kaninchen durchgefressen wurden. Hier sind sicherlich in der nächsten Zeit Verbesserungen möglich, wie ein neu entwickelter Kunststoffrost zeigt.

Lochbleche haben sich sehr gut bewährt, sie haben allerdings den Nachteil, daß sie häufiger gereinigt werden müssen. Sie sollten in jedem Fall aus Edelstahl gearbeitet sein, da sonst von einer sehr kurzen Benutzungsdauer ausgegangen werden muß.

Für die **Entmistung** in größeren Hallen bieten sich verschiedene mechanisch arbeitende Anlagen an. Kotbänder mit Löchern zum Abfließen des Harns haben sich besonders bewährt. Diese mechanischen Anlagen können häufig bedient werden und tragen dazu bei, daß die Geruchsbelästigung der Tiere durch Schadgase erheblich reduziert werden kann.

Für **Angorakaninchen** ist die Haltung auf Lattenrosten sinnvoll, da die Kotpartikel leicht durchfallen und sich das Haar am Boden nicht festhängt. Drahtböden sind wegen der Haare, die darin hängen bleiben, nicht so gut geeignet. Da das Haar leicht verschmutzt, wenn mehrere Tiere zusammengehalten werden, erscheint eine Einzelunterbringung ratsam.

Einzel-, Gruppen- oder Großgruppenhaltung?

In den letzten Jahren wurde besonders auf wissenschaftlicher Ebene sehr häufig über die verschiedenen Haltungsformen von Hauskaninchen diskutiert. Arbeitsgruppen in Bern und Hohenheim kamen zu dem Ergebnis, daß die **Käfighaltung**

Haltung

bei Kaninchen als nicht tiergerecht anzusehen ist. Sie werfen dem Käfigsystem eine eingeschränkte Bewegungsfreiheit für die Tiere vor, die sich dann in Stereotypien wie Gitternagen oder exzessivem Scharren äußern. In ihren Untersuchungen fanden die Forscher veränderte Fortbewegungsweisen der Kaninchen vor sowie eine Veränderung des Bewegungsapparates. Mit ihren Arbeiten lösten diese Wissenschaftler eine Reihe von Folgeuntersuchungen aus, die zum Ziel haben, eine optimale Haltungsform für Kaninchen zu finden.

Die Bodenhaltung mit Einstreu in Großgruppen erwies sich als relativ schwierig. Man registrierte höhere Ausfälle durch Kokzidiose und auch der Ektoparasitenbefall verstärkte sich. Heute werden in erster Linie Versuche angestellt, die Kaninchen in größeren Gruppen auf geeignetem Rostboden zu halten. Der Versuch, Zuchtgruppen in einem Großkäfig dieser Art unterzubringen, führte bei verschiedenen Arbeitsgruppen zu unterschiedlichen Ergebnissen. Gute Erfolge verbuchten die einen, eine starke Aggressivität der Zuchttiere kritisierten die anderen. Man ist der Meinung, daß in der Kaninchenmast nur die weiblichen Tiere in Großgruppen zu halten sind. Bei männlichen Tieren kommt es zu erheblichen Beißereien, zum Teil mit Todesfolge.

Stallklima

Bei der **Außenhaltung** von Kaninchen ist eine Klimatisierung der Anlage nur schwer möglich. Extreme Witterungsbedingungen und starke Temperaturschwankungen können bei dieser Haltungsform zu Gesundheitsstörungen führen, und bei fehlerhafter Aufstellung des Käfigs sind die Kaninchen hohen Hitze- und Kältebelastungen ausgesetzt.

Bei der Aufstellung einer Kaninchenanlage als Außenkäfig muß darauf geachtet werden, daß man einen schattigen, gegen Wind und Schlagregen geschützten Platz findet. Im Sommer ist die Einlage eines Bodenrostes ohne Einstreu sicherlich die bessere Lösung. Für den Winter sollte eine Möglichkeit vorgesehen werden, den Käfig vor allen Dingen nachts mit einem Wärmeschutz wie z.B. Isolierfolie oder einem geeigneten Tuch abzudecken.

Die Haltung der Kaninchen in **Innenstallungen** bietet im Winter nahezu keine Probleme. In Großanlagen werden die Stallungen beheizt, und in kleineren Beständen versucht man über gute Isolierung von Fenstern, Türen und Wänden ein geeignetes Kleinklima zu schaffen.

In Großbeständen werden die Stallungen durch Zwangsventilatoren be- und entlüftet, so daß man auch bei warmen Temperaturen ein angenehmes Klima erzielen kann. Bei zwangsbelüfteten Ställen ist darauf zu achten, daß die zugeführte Frischluft nicht kalt auf die Tiere fällt, sondern fein zerteilt im Stall für gute Luftverhältnisse sorgt. Bei absaugenden Ventilatoren bemüht man sich, die Luft in erster Linie im unteren Bereich abzusaugen, und zwar möglichst da, wo Kot und Urin gelagert werden.

Bei der Berechnung der Ventilatorenleistung sollte man sicherheitshalber einen **Stallklimaexperten** zu Rate ziehen.

Als Anhaltspunkt kann gelten, daß die Ventilatoren so ausgelegt werden müssen, daß im Sommer etwa 2 m^3 Frischluft je kg Lebendgewicht und Stunde zugeführt werden kann. Im Winter reicht eine Luftumwälzung von 1 m^3 pro kg Lebendgewicht und Stunde.

Bei der Klimagestaltung spielt auch die **Schadgasentwicklung** eine wesentliche Rolle. Eine Ammoniakkonzentration über 10 ppm pro m^3 Luft sowie eine Kohlendioxidbelastung von mehr als 2,2 l pro m^3 Luft kann zu Leistungseinbußen und auch zum Tod von Tieren führen. Auch die Schadgasentwicklung kann sehr gut über eine geeignete Stallüftung geregelt werden. Es gibt aber auch prophylaktische Maßnahmen, die die Entwicklung von Schadgasen hemmen. So ist unbedingt darauf zu achten, daß der Urin und das Tropfwasser der Tiere nicht im Stall verbleiben, sondern möglichst zügig aus dem Stall herausgeführt werden. Am besten haben sich Verfahren bewährt, bei denen Kot und Urin automatisch getrennt werden. Dadurch werden alle anaeroben Gärprozesse reduziert, und das gefährliche Ammoniak entsteht nur in geringem Maße. Ebenso ist darauf zu achten, daß der Stall keine Verbindung zur Jauche- oder Güllegrube hat. Durch geeignete Siphons oder Schieber kann ein Schadgasrückfluß aus den Gruben verhindert werden.

Kaninchen fühlen sich bei einer Umgebungstemperatur von 14 bis 18 °C sehr wohl. Eine leichte Temperatursenkung schadet den Tieren in der Regel nicht, vor allen Dingen dann nicht, wenn die Luftfeuchtigkeit zwischen 45 und 80 % relative Feuchtigkeit gehalten werden kann.

Es muß aber gesagt werden, daß gerade junge Kaninchen und Häsinnen, die sich die Zitzen nach dem Wurf freigezogen haben, auf niedrigere Temperaturen sehr schnell mit Krankheit reagieren.

Die Beheizung der Ställe erfolgt, wenn angestrebt, am besten mit einer Warmwasserheizung. Es haben sich aber auch Flüssiggassysteme mit Strahlern gut bewährt. Die Verwendung von Warmluftöfen, die warme Luft in die Stallungen blasen, ist etwas bedenklich, da Luftwirbel auftreten, die zu starken Luftbewegungen am Tier führen.

Stalleinrichtungen

Wurfkästen stehen in vielen Ausführungen zur Verfügung. Sie sind unbedingt notwendig bei einstreuloser Haltung. Die Kästen sollten so gebaut sein, daß sie eine gute Isolierung bieten, um einen Wärmeverlust bei den Jungkaninchen zu vermeiden. Außerdem müssen sie zur Wurfkontrolle mit einem Deckel versehen sein, und sie müssen sich gut reinigen und desinfizieren lassen.

Die Größe eines Wurfkastens beträgt etwa 30 × 35 cm Grundfläche und 30 cm Höhe. Die Eingangsöffnung sollte eine Höhe von etwa 13 cm über der Grundfläche haben, damit die Jungtiere das Nest nicht zu früh verlassen können. Der Kastenboden wird mit einem saugfähigen Material ausgelegt, damit der Harn gebunden wird (beispielsweise Sägespäne).

Die Anbringung der Wurfkästen von außen an den Käfig hat sich bewährt und spart zudem Platz im Käfig.

Wie entstehen Krankheiten?

Vor der Darstellung einzelner Krankheitsbilder sollen einige wichtige Grundbegriffe der Tiermedizin erläutert werden.

Gesunde Kaninchen zeigen eine völlig ungestörte Funktion aller Organsysteme. Sie nehmen ihre Umgebung wahr, sie reagieren auf Reize aus der Umwelt, sie fressen normal, ihre Kotballen sind geformt, sie laufen umher, Trächtigkeit, Geburt und Jungtieraufzucht verlaufen ungestört, im Stall ist kein Niesen oder Schnupfen zu hören, Haut und Haare zeigen keine Verschorfungen oder Verschmutzungen. Ein gesundes Kaninchen macht einen rund herum zufriedenen Eindruck - sei es, daß es als Einzeltier in der Wohnung umherläuft, in der Rassekaninchenzucht eingesetzt oder unter wirtschaftlichen Bedingungen gehalten wird.

Eine Krankheit entsteht durch Störung oder Schädigung der normalen Körper- und Organfunktionen. Als Folge dieser Störungen oder Schädigungen entstehen vorübergehende oder bleibende Einschränkungen der Funktions- und Gebrauchsfähigkeit. Sie können als **Allgemeinerkrankung** den gesamten Körper des Tieres erfassen oder nur einzelne Organe betreffen **(Organerkrankung).** Solche Organerkrankungen können ohne Folge für das Kaninchen sein, oder sie breiten sich weiter im Körper aus und führen dann auch zur Allgemeinerkrankung.

Die Entstehung von Krankheiten ist abhängig von
– der Gesamtverfassung des Tieres (Konstitution),
– der Krankheitsbereitschaft (Disposition) und

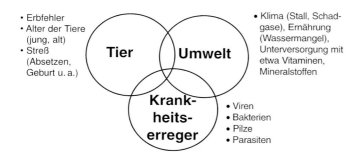

Bevor eine Krankheit ausbricht, müssen mehrere Faktoren zusammenwirken

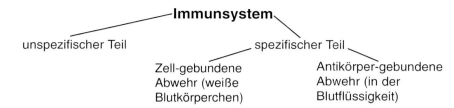

Wirkungsschema des Immunsystems.

– der Einwirkung innerer und äußerer Krankheitsursachen.

Die Gesundheit des Kaninchens wird also nicht nur vom Tier beeinflußt, sondern ganz entscheidend für die Gesundheit sind die Einwirkungen aus der Umgebung der Tiere und das Vorhandensein von Krankheitserregern.

Aufgrund dieser Bedingungen kann es durchaus vorkommen, daß Kaninchen unter gleichen Umwelteinflüssen gehalten, gefüttert und versorgt werden und nur einzelne Tiere erkranken, während andere, auch Stallnachbarn, sich bester Gesundheit erfreuen.

Zur **Krankheitsabwehr** steht dem Kaninchen wie den anderen Säugetieren ein komplexes Abwehrsystem (Immunsystem) zur Verfügung, welches sich in einem wohl abgestimmten Gleichgewicht zur Umgebung findet. Dieses empfindliche Gleichgewicht kann sehr leicht gestört werden, so daß es zum Ausbruch einer Erkrankung kommt. Beispielsweise sind fast alle Kaninchen von Kokzidien (einzelligen Parasiten) befallen, ohne daß eine Erkrankung festgestellt wird: Zwischen Parasit und Wirt besteht ein Gleichgewicht. Streß durch Schwergeburt, Absetzen oder schlechtes Stallklima stört das Gleichgewicht. Die Kokzidien können sich im Tier vermehren, weil die Körperabwehr nicht mehr ausreicht. Dann entwickelt sich die Kokzidiose als Krankheit.

Bei der Entstehung einer solchen Erkrankung sind mehrere Faktoren beteiligt: man spricht von einer **multifaktoriellen Krankheitsursache.** Das Körperabwehrsystem reagiert also einerseits höchst empfindlich auf belastende Faktoren; andererseits ist es durchaus in der Lage, das Kaninchen vor Krankheiten zu schützen, indem spezifische und unspezifische Abwehrstoffe gebildet werden.

Die Auseinandersetzung mit einem nicht-körpereigenen Stoff (z.B. Viren, Bakterien) führt immer zur Aktivierung des Immunsystems und zur Bildung von spezifischen Abwehrstoffen. Diesen Vorgang macht man sich bei der **Impfung** zunutze: Man verabreicht dem Kaninchen einen Krankheitserreger in abgetöteter oder abgeschwächter Form. Der Körper produziert daraufhin spezifische, gegen diesen Erreger gerichtete Abwehrstoffe, die ihn nach Eintritt der vollen Immunität vor den entsprechenden Krankheitserregern schützen.

Ein gut funktionierendes Immunsystem ist der beste Garant für die Gesundheit der Kaninchen.

Wie entstehen Krankheiten?

Krankheitsursachen und Gesundheitskontrolle

Erkrankungen äußern sich durch mehr oder weniger deutliche **Symptome**:

- Fehlende Futteraufnahme, Appetitlosigkeit
- Veränderter Kot, Durchfall
- Aufblähen des Bauches, gluckernde Geräusche bei Befühlen
- erschwerte Atmung, Flankenschlagen, verklebte und verkrustete Nasenöffnungen, Nasenausfluß, verschmutzte Innenflächen der Vorderläufe
- Kopf-Schiefhaltung, Gleichgewichtsstörungen
- Augenausfluß, Verdickung der Augenlider, Verkleben der Augenlider
- Gewichtsverlust, Abmagerung
- Hautverletzungen, Hautentzündungen mit Verdickungen, Abszesse in der Haut oder Unterhaut
- Haarausfall, Haarlosigkeit (herdförmig bis allgemein)
- Veränderungen am Gesäuge
- Veränderungen an den Geschlechtsorganen (männlich oder weiblich).

Wichtig für die Erkennung einer Erkrankung ist die genaue **Beobachtung** der Tiere oder des Einzeltieres, damit Abweichungen vom Normalen frühzeitig erkannt werden. Je schneller Veränderungen beim Tier festgestellt werden, desto besser sind die Heilungschancen. Wichtig sind:
- genaue Beobachtung und regelmäßige Kontrolle der Tiere,
- richtige Beurteilung der Krankheitszeichen, keine lange Verzögerungen bei der Erstellung der Diagnose (der Tierarzt ist behilflich),
- frühzeitig einsetzende Behandlungsmaßnahmen durch den Tierarzt.

Erbfehler in Form von Mißbildungen an den Gliedmaßen oder am Kopf sind bei Kaninchen seltene Vorkommnisse und haben kaum eine größere Bedeutung.

Ernährungsfehler sind dagegen häufig zu beobachten. Sie entstehen durch die Verfütterung von verdorbenen Pflanzenteilen (gegorenes, schimmeliges Futter) oder durch eine fehlerhafte Zusammensetzung des Futters, so daß es zu Vitamin- und Mineralstoffmangel oder Unterversorgung kommt. Außerdem ist zu beobachten, daß durch die Verfütterung von Grünpflanzen Krankheitserreger wie Viren und Bakterien eingeschleppt werden können, die von Wildkaninchen

---

Krankheitsursachen können sein:
- Erbfehler
- Ernährungsfehler
- Haltungsfehler
- Infektionen durch Viren, Bakterien, Pilze, ein- oder mehrzellige Parasiten
- Vergiftungen
- Verletzungen

stammen. Die Viren der RHD und Myxomatose werden aber vor allem über Insektenstiche von Wild- auf das Hauskaninchen übertragen. In der Wohnung gehaltene Kaninchen benagen oft alle erreichbaren Grünpflanzen, aber auch Einrichtungsgegenstände.

Haltungsfehler: Haltungsbedingte Erkrankungen entstehen durch:
- Kälte (besondere Gefährdung für Jungtiere),
- Hitze (hohe Stalltemperaturen im Sommer),
- Schadgase in geschlossenen Stallungen ohne ausreichende Lüftung,
- Verletzungen durch scharfe Kanten am Stall oder Käfig,
- zuviele Tiere in einem Stall oder Käfig (das führt zu Beißereien),
- schlechte Säuberung und unzureichende Desinfektion des Stalles bzw. Käfigs.

Bei Wohnungshaltung ist das Benagen von Elektrokabeln zu verhindern.

Oft sind derartige Haltungsfehler Auslöser einer Streßsituation, welche zur Verminderung der Körperabwehr führt und krankmachenden Mikroorganismen die Gelegenheit bietet, sich zu vermehren und eine Infektionskrankheit zu verursachen.

Als **Infektion** bezeichnet man das Eindringen, Haften, Vermehren und Ausbreiten von Krankheitserregern in einem Wirtsorganismus. Von einer **Infektionskrankheit** spricht man, wenn als Folge einer Infektion Krankheitserscheinungen auftreten.

Infektionskrankheiten entstehen durch
- direkte Schädigung einzelner Organe (Organerkrankung) oder des gesamten Organismus (Allgemeinerkrankung) durch die Krankheitserreger
- Bildung von Giftstoffen (Toxinen) durch die Erreger (Organerkrankung, Allgemeinerkrankung).

Viren sind kleinste Krankheitserreger, die sich nur innerhalb lebender Zellen vermehren und bei allen Säugetieren, wie auch beim Menschen, Krankheiten verursachen können. Die Vermehrung der Viren geschieht in der lebenden Körperzelle mit deren Hilfe und deren Stoffwechsel. Viren befallen meist bestimmte Organsysteme und lösen hierdurch Zellschädigungen die typischen Organerkrankungen aus, z.B. Atemwegserkrankungen (Influenza-Viren), Darmerkrankungen (Rota-Viren), Hauterkrankungen (Myxomatose). Allerdings sind auch Allgemeinerkrankungen mit schwerwiegendem Krankheitsverlauf bekannt (RHD). Da Viren, zumindest in der Tiermedizin, noch nicht direkt medikamentös in ihrer Vermehrung gehemmt werden können, kann man lediglich versuchen, die Organschäden zu lindern, d.h. es werden die Symptome behandelt. Meist sind jedoch vorbeugende Schutzimpfungen möglich, gut wirksam und anzuraten.

Bakterien sind einzellige Lebewesen. Nur ein kleiner Teil aller vorkommenden Bakterien hat krankmachende Wirkung. Bakterien sind gekennzeichnet durch:

Wie entstehen Krankheiten?

– eine Zelle mit kernähnlicher Struktur
– einen eigenen Stoffwechsel
– Vermehrung durch Teilung
– Anzüchtbarkeit im Labor auf unbelebten Nährböden (Agarmedien).

Zur Vermehrung mit Anzüchtung benötigen die Bakterien eine günstige Umgebung und optimale Temperaturen (Hautbakterien ungefähr 28 bis 30 °C, andere Bakterien 37 °C). Einige Bakterien können auch in der Umgebung der Tiere mehrere Jahre überleben und ansteckungsfähig bleiben (Desinfektion beachten!).

Pilze, die dem Pflanzenreich angehören, vermehren sich durch Teilung und Sprossung. Sie verursachen als sogenannte Dermatophyten Hauterkrankungen und – wenn sie mit verschimmeltem Futter aufgenommen werden – Darmerkrankungen. Unter den Pilzen gibt es aber auch Toxinbildner, die Organe schädigen können.

Als **Parasiten** werden einzellige (Protozoen, z.B. Kokzidien) oder mehrzellige (z.B. Würmer) Lebewesen aus dem Tierreich bezeichnet, die auf Kosten der Kaninchen leben. Sie können als **Innenparasiten** (Endoparasiten) im Körperinneren (z.B. im Darm) leben oder sie schädigen als **Außenparasiten** (Ektoparasiten) Haut und Haare der Tiere.

Endoparasiten befallen die Wirtskaninchen, wenn diese – meist mit dem Futter – die ansteckungsfähigen Stadien aufnehmen. Im Tier entwickeln sich die mehrzelligen Parasiten zu erwachsenen Würmern, die wieder Eier ablegen; diese werden mit dem Kot ausgeschieden. Die einzelligen Parasiten vermehren sich zunächst ungeschlechtlich, um schließlich über die Ausbildung von männlichen und weiblichen Zellen auch Dauerformen zu bilden, die als Oozysten ausgeschieden werden.

Die Zeit von der Aufnahme der Parasiten bis zum Ausscheiden der Parasiteneier ist die **Präpatentperiode.** Die Kaninchen sind während dieses Zeitraumes schon von den Parasiten befallen, aber der Befall läßt sich durch eine parasitologische Kotuntersuchung nicht nachweisen. Wurmmittel richten sich in den meisten Fällen gegen die erwachsenen Würmer, so daß eine Bekämpfung der Parasiten in der jugendlichen Phase oft nicht die gewünschte Wirkung hat.

Der für die Kaninchen besonders problematische Kokzidienbefall muß zudem über einen längeren Zeitraum mit einem sogenannten Kokzidiostatikum behandelt werden. Eine parasitologische Kotuntersuchung zur Feststellung, um welchen Parasitenbefall es sich handelt, ist Voraussetzung einer erfolgreichen Behandlung. Da die Übertragung der Parasiten immer über die Außenwelt erfolgt, kann durch entsprechende Desinfektion und Hygiene der Parasitenkreislauf auch außerhalb des Tieres unterbrochen werden. Dazu müssen spezielle parasitenwirksame Desinfektionsmittel eingesetzt werden. Auch die Außenparasiten sind auf diesem Wege zu bekämpfen.

Verletzungen fügen sich die Kaninchen häufig gegenseitig bei Beißereien zu. Solche Beißereien entstehen durch Rangordnungskämpfe unter heranwachsenden männlichen Tieren oder wenn die Besatzdichte in einem Käfig zu groß ist. Fehlerhafte Käfigkonstruktionen führen zu

Krankheitsursachen und Gesundheitskontrolle

Checkliste möglicher Einflußfaktoren und auftretender Symptome
(modifiziert nach LÖLIGER 1986)

1. Art der Krankheitserscheinungen
- allgemeine Krankheitszeichen: Teilnahmslosigkeit, Abmagerung
- spezielle Krankheitszeichen: Husten, Niesen, erschwerte Atmung, Durchfall, Aufblähung
- Bewegungsstörungen
- Verletzungen, Wunden
- Ausfluß aus Körperöffnungen: Augen, Nase, After, Scheide

2. Alter der erkrankten Tiere
- säugende Jungtiere
- Jungtiere
- alte Tiere, Rammler, tragende oder säugende Häsinnen

3. Zahl der erkrankten Tiere
- Einzeltier
- Bestandserkrankungen, zunehmende Erkrankungshäufigkeit
- Todesfälle

4. Krankheitsverlauf
- plötzlicher oder schleichender Verlauf
- Krankheitsdauer

5. Durchgeführte Maßnahmen
- Behandlungsmaßnahmen
- Fütterungsmaßnahmen
- Impfungen

6. Haltungsform
- frei laufende Einzeltiere
- Stallhaltung, innen: Lüftung, Klima
- Stallhaltung, außen: Hitze, Kälte
- Bodenhaltung, Einstreu
- Käfighaltung
- Nester der Jungtiere

7. Fütterung, Trinkwasserversorgung
- pelletiertes Fertigfutter (neue Lieferung, neuer Lieferant)
- altes Futter aus Silo, Futterqualität
- Mischfutter mit Körnern
- Frischfutter, woher?, Gras, Gemüseabfälle, Zubereitung
- Heu, Qualität?
- Futterzusammensetzung: Eiweißgehalt, Rohfasergehalt, Vitamine, Mineralstoffe, Spurenelemente
- Trinkwasserversorgung: Leitungswasser, Brunnenwasser, ausreichende Mengen

8. Tierkontakte
- zugekaufte Tiere, Neu- oder Umstallungen
- Besuch von Ausstellungen

Wie entstehen Krankheiten?

Hängenbleiben mit den Gliedmaßen, und scharfe Ecken und Kanten sind oft die Ursache für kleine Hautverletzungen. Falsches Festhalten durch unerfahrene Tierhalter hat schon häufig zu Frakturen der Wirbelsäule geführt.

Vergiftungen (Intoxikation) entstehen durch die Aufnahme der Giftstoffe mit dem Futter. Als mögliche Gifte kommen Pflanzengifte, Schwermetalle, Insektenbekämpfungsmittel und Pflanzenschutzmittel in Frage.

Um eine Erkrankung zu erkennen **(Diagnosestellung),** sollten anhand einer Checkliste mögliche Einflußfaktoren und Krankheitszeichen zusammengetragen werden. Dies erleichtert dem zu Rate gezogenen Tierarzt die Arbeit, ist aber auch für den Tierhalter hilfreich und läßt ihn oft schon selbst Krankheitsursachen erkennen (siehe S. 49, 51, 52).

Um zu einer **sicheren Diagnose** einer Erkrankung zu kommen, sind oft Untersuchungen verschiedener Proben in einem Laboratorium notwendig:

1. **Proben zur bakteriologischen Untersuchung**
- Tupferproben von Nasen, Augen, Rachen, Ohren, Kot, Scheidenausfluß, Abzeßinhalt
- Milchproben, Kotproben, Spermaproben, Hautproben.
  Diese Proben sollten mit entsprechenden sterilen Tupfern genommen werden und zur Vermeidung der Austrocknung während des Transportes (Postversand) in einem Transportmedium aufbewahrt werden (siehe Seite 127). Milch-, Kot-, Harn- und Spermaproben müssen in sterilen, auslauf- und bruchsicheren Gefäßen verschickt werden.
- Organe oder Organteile von gestorbenen Tieren bzw. geschlachteten Tieren. Bei Versand solcher Proben ist es wichtig, daß diese schnell und wenn irgend möglich gekühlt in ein Untersuchungslabor geschickt werden. Oft ist es besser, wenn der Tierhalter die Proben bringt und dabei gleich über das vorliegende Problem berichtet.

2. **Proben zur parasitologischen Untersuchung**
- Kotproben: Die Proben müssen frisch entnommen werden, für den Versand gilt oben Gesagtes;
- Haut- und Haarproben: Von erkrankten Hautstellen müssen aus den Randbezirken die Proben genommen werden. Hautproben sollten so genommen werden, daß die Oberfläche abgeschabt wird.

Vorbeugende Maßnahmen zur Krankheitsverhütung

Zur Vorbeugung gegen Krankheiten gibt es unterschiedliche spezifische und unspezifische Maßnahmen.

Spezifische Vorbeugung und Behandlung

Impfungen sind die besten Vorbeugemaßnahmen gegen Erkrankungen, wenn sie im richtigen Alter, konsequent und regelmäßig erfolgen und wiederholt werden. Leider stehen nur für wenige Infektionserkrankungen der Kaninchen, vor allem zum Schutz vor bestimmten Virusinfektionen, entsprechende Impfstoffe zur Verfügung.

Vorbeugende Maßnahmen

Krankheitserkennung (modifiziert nach LÖLIGER 1986)

Art der Veränderung	mögliche Ursache
Allgemeinbefinden	
1. **schlechtes Wachstum der Jungtiere** Abmagerung	– Futter-, Nährstoffmangel – gestörte Futteraufnahme (Zähne, Verletzungen der Mundhöhle) – Haarballen, Fremdkörper im Magen – Befall mit Innenparasiten (Würmer, Kokzidien) – chronische Allgemein- oder Organkrankheit – Außenparasiten
2. **Benommenheit, Teilnahmslosigkeit**	– akute Infektionskrankheit (Schnupfen, RHD, Myxomatose) – Magen-Darm-Erkrankung (Kokzidien, Entzündungen) – Kreislaufkollaps (Infektionen, Hitze)
3. **Erregung, Unruhe**	– Brunst – Angst, ungewohnte Personen oder Umgebung – Außenparasiten – Gehirnerkrankungen
4. **Gleichgewichtsstörungen, Kopfschütteln, Kopf-Schiefhaltung, Lahmheiten**	– Erkrankungen des Nervensystems – Erkrankungen der Ohren (Bakterien, Parasiten) – Mißbildungen – Frakturen der Gliedmaßen – Wirbelsäule – Muskelverletzungen – wunde Läufe – Gelenkentzündungen
Organerkrankungen	
1. **Haut, Haare** Haarlosigkeit, Haarausfall	– angeborene Haarlosigkeit – Nestbau bei Häsinnen – Bleivergiftung – herdförmig (lokal): Hautpilzerkrankung
Hautpusteln, Schorf, Geschwüre, Schuppen, Borken, Verdickungen, Neubildungen	– Staphylokokkeninfektionen – Räudemilben (Kopf-, Ohrräude) – Myxomatose – Wundinfektionen, Abszesse – Kaninchensyphilis – Lymphknotenentzündungen – Tumore (Fibrom, Papillom)

Wie entstehen Krankheiten?

2. **Kopf**
   Auge: Bindehautentzündung,
   Hornhauttrübung, -entzündung,
   Haarausfall um die Augen
   - Reizung durch Schadgase (Ammoniak)
   - Schnupfen
   - Streptokokken-, Staphylokokkeninfektionen
   - Myxomatose
   - Krankheitsverletzungen
   - Hautpilze

   Ohr: Stummelohren,
   Schuppen, Borken
   - nach Kannibalismus
   - Ohrräude
   - Pilze

   Nase: Nasenausfluß,
   eitrig oder blutig
   - ansteckender Schnupfen
   - Lungenentzündung
   - Blutungen durch Schlag, Stoß

   Mundhöhle:
   Zahnfehlstellungen, Speicheln,
   Kauschwierigkeiten
   - fehlerhafte Kieferstellungen
   - falsche bzw. fehlende Abnutzung der Zähne
     (Fütterung)
   - Entzündung in der Mundhöhle
   - Verletzungen der Zunge, Mund, Schleimhaut

3. **Bauch, Rumpf**
   Umfangsvermehrung im
   Oberbauch
   Umfangsvermehrung im Unterbauch
   - Magenüberladung
   - Darmentzündungen
   - Trommelsucht (Tympanie)
   - Tumoren
   - Trächtigkeit (ungestörtes Allgemeinbefinden)

4. **Gliedmaßen**
   Haut- und Muskelwunden,
   Bewegungsstörungen
   Gelenkverdickungen
   Geschwüre
   - Verletzungen, Kannibalismus
   - Frakturen
   - Gelenkentzündungen
   - wunde Läufe

5. **weibliche Geschlechtsorgane**
   Rötung, Schwellung
   Ausfluß
   Verschorfungen
   Verdickungen
   Verhärtung, Abszesse der
   Milchdrüse
   - Brunst, Entzündung
   - Gebärmutterentzündung, Aborte
   - Kaninchensyphilis
   - Myxomatose
   - Entzündung durch verschiedene Bakterien
     (Pasteurellen, Kokken)
   - Tumoren (ältere Tiere)

6. **männliche Geschlechtsorgane**
   Hautgeschwüre
   nur ein Hoden fühlbar
   Hodenvergrößerung
   - Kaninchensyphilis
   - Kryptorchismus
   - Hodenentzündung, Tumor

7. **After**
   Verschmutzung mit Kot
   - Durchfall
   - Darmschleimhautentzündung

   Kot: Kotbeschaffenheit wäßrig, dünn-
   breiig, ungeformt, schleimig,
   hart
   - Darmschleimhautentzündung, verschiedene
     bakterielle Ursachen, Kokzidien
   - Verstopfung

   Urin: Trübung, Rötung
   - Blasenentzündung
   - Vergiftungen

Vorbeugende Maßnahmen

Das Arzneimittelgesetz schreibt vor, daß Impfstoffe nur vom Tierarzt eingesetzt werden dürfen. Manche Kaninchenzuchtvereine organisieren für ihre Mitglieder Impftermine, um möglichst viele Tiere bei dieser Gelegenheit impfen zu lassen und dadurch auch Kosten zu sparen.

Verschiedene Impfstoffhersteller bieten wirksame Impfstoffe an:

Rabbit Haemorrhagic Disease (RHD), Hämorrhagische Krankheit der Kaninchen, China-Seuche:
Arvilap (Albrecht, Aulendorf): Inaktiviertes RHD-Virus
Dosis: 1 ml subkutan (s.c.)
Impfplan: Ab der 6. Lebenswoche
Wiederholung 1mal jährlich,
keine erkrankten Tiere impfen!
Cunivak RHD (Impfstoffwerke Dessau-Tornau): Inaktiviertes RHD-Virus.
Dosis: 0,5 ml subkutan (s.c.) oder intramuskulär (i.m.)
Impfplan: Ab der 6. Lebenswoche,
Nachkommen geimpfter Häsinnen ab dem 3. Lebensmonat.
Auch tragende Häsinnen können geimpft werden.
Wiederholung einmal jährlich.
Rika-Vacc (Riemser Tierarzneimittel GmbH, WDT, Garbsen): Inaktiviertes RHD-Virus.
Dosis: 0,5 ml subkutan (s.c.) oder intramuskulär (i.m.)
Impfplan: ab der 6. Lebenswoche,
Nachkommen geimpfter Häsinnen ab 3. Lebensmonat.
Auch tragende Häsinnen können geimpft werden.
Wiederholung einmal jährlich.

Heterologe Myxomatose-Impfstoffe:
Myxomatose-Lebendimpfstoff (Rhone-Merieux, Laupheim
Dosis: 0,5 ml streng subcutan (s.c.)
Impfung nur bei gesunden Kaninchen.
In Ausnahmefällen kommt es zur Entstehung von Bindegewebstumoren bis Hühnereigröße, die mehrere Wochen bleiben können.
Impfplan: Mastkaninchen ab der 4. Lebenswoche
Zuchtkaninchen ab der 8. Lebenswoche,
Wiederholung alle 4 bis 6 Monate
Homologe Myxomatose-Impfstoffe:
Cunivak myxo s.c. (Impfstoffwerke Dessau-Tornau)
Dosis: 1 ml subkutan (s.c.)
Cunivak jet (Impfstoffwerke Dessau-Tornau)
Dosis: 0,1 ml resuspendierter Impfstoff unter Verwendung des Injektors »Dermo-jet«

Impfplan in nicht endemisch verseuchten Gebieten (Myxomatose):

	Masttiere	Zuchttiere
Grundimmunisierung	Alter: 6 bis 10 Wochen	Alter: 6 bis 10 Wochen
Cunivak myxo	1 ml subkutan	1 ml subkutan
Cunivak jet	0,1 ml intrakutan	0,1 ml intrakutan
Nachimpfung	keine	nach 6 bis 9 Monaten
Ausstellung/Verkauf	4 bis 6 Wochen vorher impfen	4 bis 6 Wochen vorher impfen

Wie entstehen Krankheiten?

Impfplan in stark verseuchten Myxomatosegebieten:

	Masttiere	Zuchttiere
Grundimmunisierung	Alter: 4 Wochen	Alter: 4 Wochen
Cunivak myxo	1 ml subkutan	1 ml subkutan
Cunivak jet	0,1 ml intrakutan	0,1 ml intrakutan
1. Nachimpfung	nach 3 bis 4 Wochen	nach 3 bis 4 Wochen
	bei Mast länger als 16 Wochen	
2. Nachimpfung	keine	nach 4 bis 5 Monaten

Riemser Myxomatose-Vakzine (Riemser Tierarzneimittel GmbH; WDT, Garbsen)
Dosis: 1 ml subkutan
Impfplan: Es dürfen nur Tiere geimpft werden, die nicht geschwächt sind. Keine Impfung unter 4 Wochen.
Impfzeitpunkt: April bis Juni, eventuell, je nach Dauer des Winters auch ein bis zwei Monate früher.
Jungtiere im August/September, Wiederholung alle 6 Monate.

Eine weitere Möglichkeit der Schutzimpfung ergibt sich für den Kaninchenhalter, wenn er die Herstellung einer **stallspezifischen Vakzine** veranlaßt, z.B. bei ansteckendem Schnupfen. Hierzu muß in einem Labor der bakterielle Krankheitserreger isoliert werden und mit diesem Erreger ein Impfstoff hergestellt werden. Verschiedene Sanierungsversuche sind so probiert worden. In vielen Fällen ließ der Erfolg allerdings zu wünschen übrig.

Arzneimittelverabreichungen bei Kaninchen
1. Orale Verabreichung (über die Mundhöhle = per os, p.o.):
– über das Futter als Futterzumischung
– über das Trinkwasser
– in einer Vitaminlösung
– über eine Magensonde, Menge ca. 20 ml bis 50 ml

2. Subkutane Verabreichung (unter die Haut), s.c.:
– Ort: seitliche Brustwand, Flanke
– Menge: bis 70 ml, abhängig von der Körpergröße

3. Intramuskuläre Verabreichung (in den Muskel), i.m.:
– Es besteht die Gefahr der Nerven- und Gefäßschädigung bei unsachgemäßer Durchführung
– Ort: Oberschenkelmuskulatur
– Menge: 0,25 bis 1 ml

4. Intravenöse Verabreichung (in die Vene), i.v.:
– Die intravenöse Arzneimittelgabe erfolgt bei Kaninchen nur selten
– Ort: Ohrrandvene

5. Intraperitoneale Verabreichung (in die Bauchhöhle), i.p.:
– Die intraperitoneale Arzneimittelgabe erfolgt bei Kaninchen nur selten
– Menge : bis 20 ml

Vorbeugende Maßnahmen

Antibiotika und Sulfonamide beim Kaninchen (Vorschläge)

Wirkstoff	Name	Firma	Dosis pro kg Körpergewicht	Verabreichung	Dauer
Enrofloxacin	Baytril	Bayer	5–10 ml	s.c., p.o.	5–10 Tage
Tetracyclin	Tetraseptin	Chassot	50 mg	p.o.	3–10 Tage
Oxytetracyclin	Terramycin	Pfizer	10–20 mg	s.c., i.m., p.o.	4 Tage
	Terramycin LA	Pfizer	10–20 mg	i.m.	bis 4mal
Erythromycin	Erythrocin	Abbot	40 mg	s.c., i.m.	5 Tage
			100 ml/l Trinkwasser	p.o.	5 Tage
Trimethoprim + Sulfonamide	Tribrissen	Pitman/Moore	30–50 mg	p.o.	5 Tage
	Borgal 7,5 %	Hoechst	1–1,5 ml	s.c., i.m.	5 Tage
Gentamycin	Friesogent	Pitman/Moore	2–5 mg	s.c., i.m.	5 Tage
Tylosin	Tylan	Elanco	5–10 mg	s.c., i.m.	max. 5 Tage
			65 mg/l Trinkwasser	p.o.	21 Tage
Amoxycillin	Clamoxyl	Pfizer	5–10 mg	i.m.	5 Tage
Ampicilin	Ampitab	Chassot	5–10 mg	p.o.	5 Tage
Spiramycin	Suanovil	Rhone-Merieux	50 mg	s.c., i.m.	3 Tage

Wie entstehen Krankheiten?

Über die Form und Notwendigkeit des Arzneimitteleinsatzes entscheidet der Tierarzt, und er führt die Arzneimittelgabe auch durch, wenn sie intravenös, intramuskulär, intraperitoneal oder subcutan erfolgt. Oral zu verabreichende Medikamente kann der Kaninchenhalter nach Anweisung des Tierarztes dem Futter oder dem Trinkwasser beimischen.

Hinweise zur Antibiotika-Behandlung:
1. Eine einseitige Schädigung der Darmflora wird vermindert durch:
   - Breitspektrum-Antibiotika wie Enrofloxacin, Trimethoprim-Sulfonamide u. ä.
   - kurze Behandlungsdauer
   - Verabreichung subkutan, intramuskulär durch den Tierarzt
   - Unterstützung der Darmflora durch Gabe von Quark, Joghurt, Vitamin B
2. Gentamycin wirkt schädigend für die Niere, daher keine hohen Dosierungen geben und nicht für Langzeitbehandlungen anwenden.
3. Tylosin kann an der Injektionsstelle gewebszerstörend wirken, es ist daher ungeeignet für Langzeitbehandlungen.
4. Erythromycin wirkt gut bei Kaninchenschnupfen.
5. Am sinnvollsten ist die Anwendung von Antibiotika nach vorheriger Antibiotikaresistenzprüfung (Antibiogramm) in einem Untersuchungslabor.

Breitenwirksame Maßnahmen durch Verabreichung von Arzneimitteln über Futter oder Trinkwasser dienen dazu, akute bakterien- oder protozoenbedingte Infektionserkrankungen in einer größeren Kaninchenhaltung zu behandeln und in ihrer Ausbreitung zu verhindern. In der Regel dienen diese Medikamente der Bekämpfung von Infektionen wie Schnupfen und Lungenentzündung. Auch Kokzidien und Wurmbefall werden auf diesem Weg bekämpft.

Der Tierarzt ermittelt das Gesamtgewicht der Kaninchen, den Futter- oder Trinkwasserverbrauch, sowie die benötigte Wirkstoffmenge pro Tier und Tag. Daraus errechnet sich die Einmischungsmenge pro Tier (ein Beispiel nach LÖLIGER 1986, auf der folgenden Seite).

Natürlich sind, wie bei anderen Tieren, auch beim Kaninchen **Einzeltierbehandlungen** nach dem individuellen Körpergewicht möglich. Hierzu können die entsprechenden Medikamtente vom Tierarzt unter die Haut (subkutan, s.c.), in den Muskel (intramuskulär, i.m.), seltener in die Vene (intravenös, i.v.) verabreicht werden.

Weiterhin bietet die Futtermittelindustrie schon fertige Futtermischungen an, um Kokzidieninfektionen vorzubeugen. Von solchen Futtermitteln sollte der Kaninchenhalter allerdings nur Gebrauch machen, wenn dies unabdingbar ist und alle anderen Maßnahmen fehlgeschlagen sind, da es im Laufe der Zeit zur Ausbildung von Resistenzen gegen solche Arzneimittel kommen kann. Reinigung, Desinfektion und Hygiene machen in der Regel solche Fütterungsmaßnahmen überflüssig.

Welche Arzneimittel bei welcher Krankheit oder zur Krankheitsvorbeugung bei Kaninchen eingesetzt werden können, weiß der Tierarzt.

Vorbeugende Maßnahmen

Futterverbrauch   bis 1600 g Einzelgewicht; etwa 8,7% des Gesamtgewichtes
(nach LÖLIGER 1986): über 1600 g Einzelgewicht; etwa 6,5% des Gesamtgewichtes

Gesamtgewicht: 10 Tiere   800 g
                        5 Tiere   1 400 g
                        5 Tiere   1 600 g
                                      23 000 g

Futterverbrauch: 8,7% von 23 000 g = 2001 g/Tag
Wirkstoffmenge: 50 mg Wirkstoff/kg x 23 = 1,15 g Wirkstoff gesamt
Einmischungsmenge: 1150 mg für 2000 g Mischfutter
oder: 553 mg für 1000 g Mischfutter
                       entspricht 553 ppm

Ein Kaninchenhalter, der das Fleisch seiner Tiere als **Lebensmittel** verwendet, muß wissen, daß nach jeder Arzneimittelbehandlung vor dem Schlachten eine **Wartezeit** eingehalten werden muß. Diese Wartezeit dient dem Schutz des Verbrauchers und verhindert, daß mit dem Fleisch Medikamente vom Menschen verzehrt werden. Bei jedem Arzneimittel, das zur Behandlung der Kaninchen eingesetzt wird, muß sich der verantwortungsvolle Tierhalter über die notwendigen Wartezeiten informieren.

Der Tierarzt, der Arzneimittel zur Behandlung einsetzt, ist verpflichtet, auf die entsprechenden Wartezeiten hinzuweisen.

Wichtig ist zu wissen, daß einzelne Antibiotika bei trächtigen und laktierenden Häsinnen nicht eingesetzt werden dürfen. Auch Jungkaninchen vertragen einige Antibiotika schlecht. Spectinomycin sollte nicht bei tragenden Häsinnen angewendet werden, es kann aber bei laktierenden und bei Jungkaninchen eingesetzt werden. Procain-Penicillin ist für Häsinnen und Jungkaninchen schlecht verträglich.

Unspezifische Maßnahmen (Reinigung, Desinfektion)

Zur Krankheitsvorbeuge haben gerade diese Maßnahmen eine große Bedeutung in der Hobbytierhaltung und in der gewerblichen Kaninchenhaltung. Natürlich muß auch der Halter eines einzelnen Kaninchens diese einfachen Hygieneregeln befolgen, wenn er sein Kaninchen vor Gefahren aus der Umgebung schützen will.

Fütterung: Wie auf den Seiten 25 bis 28 schon besprochen, ist eine ausgewogene, leistungsbezogene und tierartgerechte Fütterung eine wesentliche Voraussetzung für die Gesundheit der Kaninchen. Schlechtes, vergorenes, verpilztes Futter hat bei Kaninchen immer Gesundheitsstörungen zur Folge.

Noch einmal muß darauf hingewiesen werden, daß mit dem Futter auch Krank-

Wie entstehen Krankheiten?

heitserreger eingeschleppt werden können. Der Ausbruch der hämorrhagischen Kaninchenseuche (RHD) ist in vielen Fällen auf die Verfütterung von Grünfutter zurückzuführen, welches von Wiesen gewonnen wurde, auf denen auch Wildkaninchen gefressen hatten. So gelangt das Virus von den Wildkaninchen über das Futter in den Stall. Ganze Zuchten sind so infiziert worden. Das Myxomatose-Virus wird durch Stechmücken von Wildkaninchen auf das Hauskaninchen übertragen.

Reinigung: Regelmäßiges Ausmisten der Stallungen, mindestens zweimal wöchentlich, verhindert die Anreicherung von Krankheitserregern wie Kokzidien und Bakterien in der Einstreu. Bei der Käfighaltung wird die übermäßige Bildung von Schadgasen, die zu Schleimhautreizungen führen, durch regelmäßiges Ausmisten vermieden. Nach der Entfernung der Einstreu und des Kotes werden die Stall- und Bodenflächen gereinigt. Zuerst erfolgt eine **Trockenreinigung** mit Besen und Kratzer, danach wird mit Wasser nachgereinigt **(Naßreinigung).** Eine anschließende ausreichende Trocknung ist erforderlich, bevor man neue Einstreu einbringt. In kleineren Haltungen ist eine Naßreinigung mit Trocknung aus Platzmangel für die Tiere nicht immer möglich. Um so notwendiger ist die regelmäßige häufige, gründliche Trockenreinigung.

Desinfektions-Maßnahmen dienen der gezielten Eliminierung unerwünschter Mikroorganismen – entweder im Verlauf einer Infektionskrankheit, um die Menge der Krankheitserreger zu vermindern, oder als Vorbeugemaßnahme, um den Keimdruck von vornherein zu reduzieren.

Geeignete Stall- und Flächendesinfektionsmittel sind von der Deutschen Veterinärmedizinischen Gesellschaft (DVG) geprüft und in einer Desinfektionsmittelliste (z.Z. 7. Liste) veröffentlicht (siehe Seite 129). Zu beziehen sind die Desinfektionsmittel über den Landhandel oder direkt beim Hersteller.

Bei der Auswahl der Mittel ist zu beachten, ob sie im Stall mit oder ohne Tierbesatz angewendet werden können. Manche der Desinfektionsmittel haben stark schleimhautreizende Wirkung, wodurch Erkrankungen der Atemwege beim Kaninchen gefördert werden.

Kokzidien-Oozysten und **Parasiteneier** können nicht mit den üblichen Desinfektionsmitteln bekämpft werden. Hierfür gibt es spezielle Desinfektionsmittel.

Eine Reinigung und Desinfektion des Stalles und der Einrichtungsgegenstände sollte folgendermaßen aussehen:

1. Trockenreinigung mit Entfernung von Kot und Einstreu,
2. Naßreinigung mit Wasser (Dampfstrahlgerät) eventuell mit Spülmittelzusatz,
3. Austrocknung für mindestens 24 Stunden (eventuell Heizung verwenden),
4. Desinfektion mit geeigneten Desinfektionsmitteln; die vom Hersteller empfohlene Konzentration und Einwirkzeit muß eingehalten werden (Anwendungsempfehlung),
5. Austrocknung für mindestens 48 Stunden.

Vorbeugende Maßnahmen

Damit die Maßnahmen erfolgreich durchgeführt werden, sollten die folgenden Grundregeln beachtet werden:
- Die optimale Wassertemperatur bei der Hochdruckreinigung beträgt 40 °C.
- Verbliebener Schmutz und Restfeuchtigkeit vermindern die Wirkung der Desinfektionsmittel, deshalb ist eine gründliche Vorreinigung und Trocknung unbedingt nötig.
- Die Materialverträglichkeit der Desinfektionsmittel ist zu beachten, sonst wird die Einrichtung geschädigt und die Desinfektion ist unwirksam.
- Für die Desinfektion im Stall sind mindestens 0,4 l Desinfektionsmittel pro m² nötig, auch wenn die Flüssigkeit von den Wänden läuft.
- Die Prüfung der Wirksamkeit der Desinfektionsmittel erfolgt bei 20 °C; werden die Mittel bei tieferen Temperaturen eingesetzt, so wirken sie schlechter; die Anwendungskonzentration muß bei gleicher Einwirkzeit dann heraufgesetzt werden; bei Temperaturen unter 10 °C sollten Aldehyde, Phenole und organische Säuren nicht mehr eingesetzt werden.
- Viele Desinfektionsmittel benötigen Wasser zur Wirkung, d. h. die Flächen sollten nicht zu schnell trocknen; deshalb sollte die Stallüftung ausgeschaltet werden.
Desinfektion im belegten Stall sollte mit Mitteln erfolgen, die eine kurze Einwirkzeit haben und tierverträglich sind.
- Reinigung und Desinfektion sollte schon bei der Planung eines Stalles mit berücksichtigt werden; Fehler sind später nur schwer zu korrigieren.

Im Umgang mit Desinfektionsmitteln muß weiterhin berücksichtigt werden:
- Desinfektionsmittel müssen für Kinder und Unbefugte unzugänglich aufbewahrt werden; die Lagerung sollte in kühlen, gut gelüfteten Räumen erfolgen.
- Der Anwender muß bei der Ausbringung Schutzkleidung tragen (Schutzbrille, Gummihandschuhe, Gummischürze).
- Die Gebrauchsverdünnung muß in sauberen Gefäßen angesetzt werden; das Wasser muß Trinkwasserqualität haben.
- Die Wirkstoffmenge ist genau nach der vorgeschriebenen Konzentration zu dosieren.
- Größere Restmengen der Gebrauchsverdünnung dürfen nicht über die Kanalisation entsorgt werden; eine spezielle Entsorgung muß erfolgen (z. B. Umweltmobil).

Das Anbringen von Fliegen- und Mückengittern an den Stallfenstern und Stalltüren soll das Eindringen von Insekten in den Stall verhindern. Mit den Insekten können Viren (z. B die Erreger von RHD, Myxomatose) in den Stall eingeschleppt werden. Gerade Stechmücken sind häufig Überträger der Myxomatose. Steigt die Anzahl von Insekten im Stall, so kann auch eine direkte Sprühbehandlung mit Insektiziden erfolgen. Es stehen geeignete Insektizide zur Verfügung, die ausgesprüht werden können, ohne daß die Kaninchen beeinträchtigt oder geschädigt werden.

Wie entstehen Krankheiten?

Quarantänemaßnahmen

Jedes fremde Tier, das neu in die eigene Haltung kommt, bringt die Gefahr der Einschleppung von Krankheitserregern wie Viren, Bakterien, Pilzen, Innen- und Außenparasiten mit sich.

Eine Quarantäne der neuen Tiere, am besten in einem vollständig von den übrigen Tieren abgetrennten Stall oder Raum, mit nur dort zu verwendenden Geräten und Einrichtungsgegenständen, verringert das Risiko der Krankheitseinschleppung erheblich. Die Quarantänezeit sollte mindestens zwei bis drei Wochen, besser sogar vier bis sechs Wochen betragen.

In dieser Zeit müssen die Tiere genau beobachtet werden. Gleich zu Anfang sollten Kotuntersuchungen und möglichst auch Nasentupferuntersuchungen eingeleitet werden.

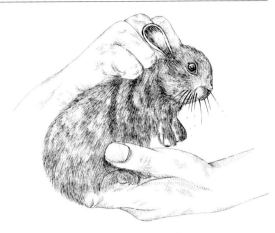

So faßt man ein Kaninchen richtig: Beim Jungtier (siehe oben) läßt man die Ohren frei und hält sie nur leicht am Nackenfell; das Gewicht ruht auf der anderen Hand, die den Hinterleib unterstützt. Beim erwachsenen Tier greift man um die Ohren ins Nackenfell und unterstützt mit der anderen Hand die Hinterläufe.

Programm zur Gesundheitsvorsorge

Häsinnen:
- regelmäßige Gesundheitskontrolle der einzelnen Häsinnen (wunde Läufe, Nasenausfluß, Scheidenausfluß, Milchdrüse, besonders bei säugenden Häsinnen)
- während der Trächtigkeit ausreichende Versorgung mit geeignetem Futter (alle notwendigen Zusatzstoffe müssen enthalten sein)
- Kontrolle der Trächtigkeit durch Abtasten (Palpation)
- Milchleistung über die Entwicklung der Jungtiere prüfen
- regelmäßige RHD- und Myxomatoseimpfung
- wenn notwendig, Innen- und Außenparasitenbekämpfung
- Kokzidienbefall prüfen.

Rammler:
- regelmäßige Gesundheitskontrolle des einzelnen Tieres (wunde Läufe, Nasenausfluß)
- Ausmerzung der Rammler, die keine Leistung zeigen und Haltungs- und Zuchtfehler aufweisen
- ausreichende Zahl der Rammler für die Zahl der Häsinnen sicherstellen
- zugekaufte Rammler unbedingt in Quarantäne halten
- Kotprobenuntersuchung

Vorbeugende Maßnahmen

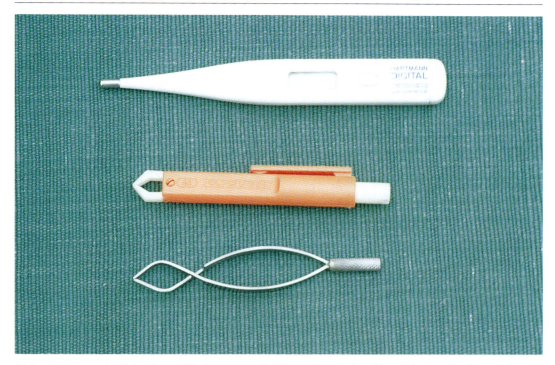

Fieberthermometer (oben) und Zeckenzange (Mitte und unten) sollten in keiner Stallapotheke fehlen.

- Nasentupferuntersuchung
- Kokzidienbekämpfung, wenn erforderlich
- regelmäßige RHD- und Myxomatoseimpfung
- Spermauntersuchung, wenn künstlich besamt wird.

Jungtiere im Nest:
- für Trockenheit und Wärme im Nest sorgen
- tägliche Nestkontrolle (Kannibalismus, tote Jungtiere, Hautveränderungen, -infektionen beachten)
- gleichmäßige Entwicklung beachten, möglicherweise Wurfausgleich vornehmen

- Futteraufnahme für die etwas älteren Tiere ermöglichen.

Absetzer:
- gleiche Alters- und Entwicklungsgruppen zusammenstellen (Besatzdichte beachten!)
- regelmäßige Gesundheitskontrolle des Einzeltieres/der Gruppe (Haut-, Fellverschmutzung, Durchfall, Schnupfen)
- verendete Jungtiere untersuchen lassen
- Futter- und Trinkwasseraufnahme kontrollieren
- RHD- und Myxomatoseimpfung
- Kotprobenuntersuchung
- vor Eintritt der Geschlechtsreife männliche Tiere trennen.

Infektionskrankheiten

Als Infektion oder Ansteckung bezeichnet man das Eindringen, Haften und die Vermehrung der Krankheitserreger in einem Wirtsorganismus (siehe Seite 47).

Virusinfektionen

Viren sind kleinste Krankheitserreger, die sich nur in lebenden Zellen vermehren können. Außerhalb eines lebenden Organismus sind sie nicht aktiv, behalten aber ihre Vermehrungsfähigkeit oft über lange Zeit. Sie können auch durch lebende Überträger, z.B. Zecken oder Mücken, auf Kaninchen übertragen werden.

Myxomatose

Die Myxomatose ist eine Virusinfektion der Kaninchen, die durch stechende Insekten (Stechmücken, Flöhe) und Zecken vom Wildkaninchen auf Hauskaninchen übertragen wird.

Hauskaninchen werden angesteckt, wenn die Überträger vorher das Virus mit dem Blut von Wildkaninchen aufgesaugt haben. Im Stall oder Bau können sich die Kaninchen auch durch direkten Kontakt über eine Wundinfektion untereinander anstecken. Da das Auftreten der Insekten jahreszeitlichen Schwankungen unterliegt, tritt die Myxomatose gehäuft in den Sommer- und Herbstmonaten auf. Der Krankheitsverlauf ist uneinheitlich, da die Empfänglichkeit der Kaninchen auch von der Rasse und der Kondition der einzelnen Tiere abhängt. Ungefähr 3 bis 5 Tage nach der Ansteckung erkranken die Kaninchen und zeigen die ersten Symptome.

Bei **akutem Krankheitsverlauf** kommt es zu einer Schwellung und Entzündung der Augenlider und einer eitrig werdenden Lidbindehautentzündung. Danach entstehen weiche Schwellungen am Ohrgrund, an Lippen, Nase und Nasenrücken. Diese Schwellungen zeigen sich auch in den Genital- und Afterregionen. Die Tiere sind benommen, verweigern die Futteraufnahme und verfallen zusehends. Der Tod tritt 8 bis 10 Tage nach Krankheitsbeginn ein. Alle akut schwer erkrankten Tiere sterben.

Ist der Krankheitsverlauf **chronisch**, zeigen die Tiere eine leichte Schwellung der Augenlider, wenige Pusteln am Naseneingang, in der Genitalregion und am Ohrgrund. Ein Teil dieser Tiere wird wieder gesund.

Behandlung und Vorbeuge: Eine Behandlung der akut erkrankten Tiere ist erfolglos. Eine vorbeugende **Impfung** sollte in gefährdeten Regionen rechtzeitig vor Beginn der warmen Jahreszeit erfolgen. Sie wird von allen Kaninchen problemlos vertragen und verleiht einen Schutz für etwa 6 Monate. An der Impf-

Virusinfektionen

Oben: Schwellung der Lider und »Lidbindehautentzündung« sind typische Symptome der Myxomatose.

Mitte: Pusteln im Ohr bei chronischer Myxomatose.

Unten: Auch in der Genitalregion zeigen sich bei Myxomatose Schwellungen und Pusteln.

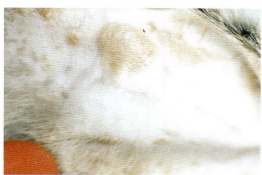

stelle können kleine Knötchen entstehen, die sich aber zurückbilden.

Im infizierten Kaninchenbestand kann die Impfung auch als **Notimpfung** erfolgen, d.h. die nicht sichtbar erkrankten Tiere werden geimpft, sobald das erste Kaninchen sichtbare Symptome zeigt. Ein Teil des Bestandes kann dadurch unter Umständen gerettet werden.

Weitere Maßnahmen zur Verhinderung der Krankheitsausbreitung und -einschleppung sind:
– schmerzlose Tötung der erkrankten Tiere,
– Reinigung und Desinfektion der Stallungen,
– Insektenbekämpfung.

Bei der Insektenbekämpfung im Stall muß die Verträglichkeit des Bekämpfungsmittels beachtet werden. Das Anbringen von Fliegengaze an Fenstern oder Käfigen hilft, Insekten von den Tieren fernzuhalten. Die Verfütterung von möglicherweise mit Überträgern behaftetem Grünfutter von Wiesen, zu denen Wildkaninchen Zugang haben, muß unterbleiben. Andere Kaninchenhalter sollten den Stall nicht betreten. In der Umgebung von Kaninchenstallungen sollten möglichst keine Brutstätten für Mücken, z.B. Teiche, offene Wasserbehälter oder sonstige feuchte Stellen

Infektionskrankheiten

vorhanden sein. Hier können sich Mücken entwickeln, die das Myxomatose-Virus verbreiten. Abgetötet wird der zur Familie der Pockenviren zählende Erreger am besten durch Erhitzung, gegenüber Trockenheit und Kälte ist er sehr widerstandsfähig. Auf den Menschen überträgt sich das Virus nicht.

Hämorrhagische Krankheit der Kaninchen (Virusseptikämie, Rabbit Haemorrhagic Disease = RHD, Chinaseuche)

Die RHD war bis April 1995 noch anzeigepflichtig. Da neuerdings wirksame Impfstoffe zur Verfügung stehen, werden keine staatlichen Maßnahmen mehr eingeleitet. Zum ersten Mal trat sie 1984 in China unter dem Namen »Chinaseuche« bei Angorakaninchen aus Deutschland auf. Seit 1988 ist sie auch in Deutschland bekannt und führt mit **kurzem** Krankheitsverlauf meist zum Tod aller älteren Kaninchen im Bestand. Bis zwei Monate alte Jungtiere überleben in der Regel.

Die **Ansteckung** der empfänglichen Tiere erfolgt durch die Aufnahme von Viren, die von infizierten Tieren ausgeschieden wurden; es handelt sich also um eine typische Kontaktinfektion. Auch eine Ansteckung über kontaminiertes Grünfutter ist möglich. Die Zeit von der Ansteckung bis zum Auftreten der ersten Todesfälle oder Krankheitserscheinungen beträgt nur 1 bis 3 Tage.
Insgesamt sind drei Krankheitsformen bekannt:
1. Ohne vorherige Krankheitserscheinungen brechen die Tiere zusammen, schreien und ersticken mit Blutaustritt aus den Nasenöffnungen.
2. Die Kaninchen zeigen eine leichte Benommenheit, werden unruhig, atmen schwer und verenden unter Erstickungserscheinungen (Abb. Seite 65), ebenfalls mit Blutaustritt aus der Nase.
3. Eine **milde** Verlaufsform geht mit vorübergehender Störung des Allgemeinbefindens einher und wird meist nicht als RHD erkannt.

Solche verschiedenen Verlaufsformen der Erkrankung können durch die unterschiedliche Virusmenge bei der Infektion oder die unterschiedliche Effektivität der körpereigenen Immunabwehr entstehen. Meist ist die Sterblichkeitsrate bei den Kaninchen am Anfang sehr hoch. Bei einer Untersuchung gestorbener Tiere sind typische Organveränderungen zu erkennen, unter anderem Blutungen in Lungen und Luftröhrenschleimhaut.

Vorbeugend ist eine **Impfung** in gefährdeten Regionen durchzuführen. Jungtiere sollten spätestens im Alter von 6 bis 7 Wochen geimpft werden. Eine Notimpfung in betroffenen Beständen sollte so schnell wie möglich erfolgen. Durch die Zuchtverbände sollten Sperrmaßnahmen für die Durchführung von Ausstellungen und für den Verkauf von lebenden Tieren organisiert werden. Eine Impfung mindestens 14 Tage, höchstens aber 6 Monate vor einer Ausstellung schützt die Tiere vor der Ansteckung. Eine mindestens 14 Tage dauernde Quarantäne von zugekauften Tieren, eine möglichst vollständige Sperre des Bestandes für fremde Personen und Tiere sowie die Vermeidung des

Virusinfektionen

Leukose (Lymphadenose, Lymphosarkomatose)

Die Leukose ist vermutlich eine Virusinfektion, die zu einer tumorösen Veränderung innerer Organe führt und vereinzelt in Kaninchenbeständen auftritt.

Die **Ansteckung** mit dem Leukoseerreger erfolgt wahrscheinlich bereits im Muttertier während der Trächtigkeit. Zum Ausbruch kommt die Erkrankung erst bei älteren geschlechtsreifen Tieren und beim Zusammentreffen verschiedener, auch erblicher Faktoren. Die Krankheit nimmt einen chronischen Verlauf mit langsamer Abmagerung, zunehmender Bewegungsunlust und fehlender oder verminderter Futteraufnahme. Nach Krankheitsdurchbruch sterben die Tiere etwa 2 Wochen später. Äußerlich erkennbare **Krankheitszeichen** können vergrößerte Lymphknoten sein, die unter der Haut zu fühlen sind.

Behandlung und Vorbeuge: Eine Behandlung erkrankter Tiere ist erfolglos. Da erbliche Faktoren bei der Krankheitsausbreitung eine gewisse Bedeutung haben, sollten Tiere aus Beständen mit Leukose nicht zur Zucht eingesetzt werden.

Tollwut

Tollwut wird bei Hauskaninchen nur sehr selten beobachtet, meist als Folge eines Eindringens von Wildtieren – Marder, Fuchs oder Iltis – in Kaninchenaußenanlagen. Das Tollwutvirus wird durch Biß eines tollwütigen Tieres übertragen und führt immer zum Tode.

Die **Krankheitserscheinungen** sind unspezifisch: Überempfindlichkeit, Schreckhaftigkeit, Speichelfluß sowie

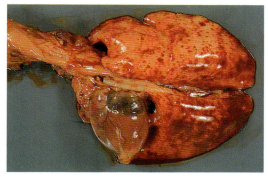

Oben: Bei der Hämorrhagischen Krankheit (RHD) der Kaninchen fließt plötzlich Blut aus der Nase.

Unten: Deutliche Blutungen in der Lunge weisen darauf hin, daß dieses Kaninchen an der Hämorrhagischen Krankheit (RHD) gestorben ist.

Kontaktes zu anderen Kaninchen können die Einschleppung der Erkrankung in den eigenen Bestand verhindern. Grünfutter von Weiden, zu denen Wildkaninchen Zugang haben, sollte deshalb nicht verfüttert werden.

Der Erreger gehört zu den sehr kleinen Picorna-Viren, die auch bei anderen Säugern vorkommen.

Infektionskrankheiten

Schluckbeschwerden und Lähmungen sind typische Symptome.

> Tollwut ist eine **anzeigepflichtige Erkrankung,** d.h. schon der Verdacht einer Tollwutinfektion muß dem zuständigen Veterinäramt angezeigt werden. Alle weiteren Bekämpfungsmaßnahmen werden von der Veterinärbehörde veranlaßt.

Kaninchenpocken

Die Kaninchenpockenerkrankung wird heute kaum noch beobachtet. Das Virus (Orthopoxvirus) ist verwandt mit dem Kuhpockenvirus und wird durch Tierkontakt übertragen.

Krankheitserscheinungen: Befallene Kaninchen sind benommen und apathisch und man sieht Hautveränderungen als fleckige Rötungen und Pustelbildungen an Ohren, Augenlidern, Maulöffnung, Scheide und Hodensack. Auch in der Maulhöhle können Pocken auftreten. Die Krankheitsdauer beträgt 3 bis 7 Tage.

Die **Diagnose** der Pockenvirusinfektion wird durch mikroskopische bzw. virologische Untersuchung der Pocken gestellt.

Eine **Behandlung** der erkrankten Tiere ist nicht möglich, Vorbeugemaßnahmen gibt es keine.

> Das Auftreten von Kaninchenpocken ist für Tierärzte meldepflichtig!

Fibromatose

Selten werden bei Kaninchen sich spontan entwickelnde, meist einzeln unter der Haut gelegene Tumoren festgestellt. Öfter entwickeln sich diese Zubildungen als Impftumoren nach Impfungen mit dem Fibromvakzinevirus zum Schutz gegen die Myxomatose.

Krankheitserscheinungen: Ungefähr 7 bis 14 Tage nach der Infektion oder nach der Impfung mit einem heterologen Impfstoff gegen Myxomatose entwickeln sich in der Unterhaut bis zu hühnereigroße Tumoren. Sie bilden sich meist nach 4 bis 5 Wochen zurück. Das Fibrom-Virus wird durch stechende Insekten übertragen. Es ist verwandt mit dem Myxomatose-Virus und wird deshalb auch als Impfvirus für die Myxomatose-Schutzimpfung eingesetzt.

Eine **Behandlung** der Tumoren ist durch chirurgische Entfernung möglich. Meist erfolgt aber nach einiger Zeit eine Spontanheilung.

Aujeszkysche Erkrankung (Pseudowut)

Das Virus der Aujeszkyschen Krankheit befällt in erster Linie Schweine, kann aber auch andere Tierarten, u.a. Kaninchen, infizieren und Krankheitserscheinungen auslösen. Über die Häufigkeit dieser Erkrankung bei Kaninchen gibt es keine gesicherten Erkenntnisse. Das Kaninchen ist für die experimentelle Forschung auf Grund seiner Empfänglichkeit das bevorzugte Versuchstier für Infektionen mit dem Aujeszky-Virus.

Die **Infektion** der Kaninchen mit dem Virus geschieht über das Futter.

Krankheitserscheinungen: Die Tiere erkranken mit starkem Juckreiz, Benagen der Gliedmaßen und der Haut, Krämpfen und Zwangsbewegungen.

Diagnose: Bei der mikroskopischen Untersuchung des Gehirns toter Tiere sieht man die typischen Veränderungen, die auch von der Aujeszkyschen Krankheit der Schweine her bekannt sind.

Eine **Behandlung** erkrankter Tiere ist nicht möglich.

Vorbeugend sollten Kaninchen nicht in unmittelbarer Nähe von Schweineställen gehalten werden, denn hier kommt es leicht zu Übertragungen. Da aber in vielen Bundesländern eine Bekämpfung der Aujeszkyschen Erkrankung der Schweine stattfindet, verliert das Ansteckungsrisiko für Kaninchen immer mehr an Bedeutung.

> Die Aujeszkysche Krankheit ist anzeigepflichtig!

Bornasche Erkrankung

Eine weitere, sehr selten vorkommende Viruserkrankung der Kaninchen ist die Infektion mit dem Borna-Virus. Das Borna-Virus wird möglicherweise durch stechende Insekten übertragen.

Krankheitserscheinungen: Die Kaninchen zeigen zentralnervöse Symptome: Benommenheit, der Kopf wird auf den Boden gestützt und Gleichgewichtsstörungen werden beobachtet.

Eine **Behandlung** erkrankter Tier ist zwecklos.

Rota-Virus-Infektion siehe Seite 104.

Bakterielle Infektionen

Bei der Entstehung und beim Ausbruch bakterieller Infektionskrankheiten treffen in der Regel mehrere krankheitsfördernde Faktoren zusammen:
– ungünstige Haltung (mangelnde Hygiene)
– schlechtes Stallklima, Zugluft, hohe Schadgaskonzentrationen
– Fütterungsfehler und Futtermangel
– Parasitenbefall oder andere Krankheiten
– Trächtigkeit und Geburt.

Solche begleitenden Faktoren schwächen die Widerstandskraft der Tiere, so daß eine erhöhte Krankheitsanfälligkeit besteht. Krankheitserreger, die normalerweise nicht zu Krankheiten führen, können die Widerstandskraft der Kaninchen durchbrechen und Symptome auslösen. Oft gelingt es nicht, die primären Ursachen der Krankheit festzustellen, da sie durch sekundäre Faktoren überlagert werden, oder es wird der Krankheitserreger bekämpft, ohne die Schadfaktoren zu berücksichtigen. Eine effektive Krankheitsbekämpfung ist in beiden Fällen nicht möglich.

Neben der Bekämpfung der Krankheitserreger müssen daher auch die krankheitsbegünstigenden Faktoren erkannt und beseitigt werden.

Pasteurellose

Die Pasteurellose wird durch Bakterien (*Pasteurella multocida*) verursacht und kann einen akuten oder chronischen Krankheitsverlauf nehmen. Sie ist das typische Beispiel einer **multifaktoriel-**

Infektionskrankheiten

len Erkrankung, d.h. verschiedene Belastungsfaktoren müssen zusammentreffen, damit die Krankheit ausbricht. Das häufigste Krankheitsbild ist der sogenannte **ansteckende Schnupfen (Coryza contagiosa).**

Der Krankheitserreger *Pasteurella multocida* findet sich bei vielen gesunden Kaninchen in der Nasenhöhle und auf den Nasenschleimhäuten. Faktoren, die die Nasenschleimhäute reizen, wie Zugluft, hohe Ammoniakkonzentrationen im Stall, zu hohe Luftfeuchtigkeit oder feucht-kalte Witterung belasten den Organismus. Die Immunabwehr wird dadurch geschwächt. Das versetzt die Erreger in die Lage, sich zu vermehren, und läßt die Erkrankung ausbrechen. Weitere Bakterien *(Bordetella bronchiseptica, Staphylococcus aureus)* kommen dazu und verstärken das Krankheitsgeschehen.

Zuerst ist wäßriger, später eitriger Nasenausfluß zu erkennen. Die Nasenöffnung ist verklebt, verkrustet und durch Staubpartikel verschmutzt. Auch an den Innenflächen der Vorderläufe sind Verklebungen und Verschmutzungen sichtbar, weil die Kaninchen sie zum Abwischen der Nasenöffnung benutzen. Im Stall ist Niesen und Schnupfen hörbar, die Atmung ist erschwert. Die Tiere sind apathisch, das Fell wird struppig und verliert seinen Glanz. Die Krankheitszeichen verstärken sich und nach 2 bis 8 Tagen tritt der Tod der Tiere ein. Bei anderen Kaninchen verschwinden die Krankheitserscheinungen, wenn die Schadfaktoren beseitigt werden oder eine gezielte Behandlung erfolgt. Die Erkrankung kann aber jederzeit wieder ausbrechen, da die Erreger meist weiterhin in den Tieren oder im Bestand vorhanden sind.

Ansteckende Lungenentzündung (Pneumonie). Diese Krankheitsform tritt nach Übergreifen der Erreger auf die Lungen auf und breitet sich mit wenig charakteristischen Krankheitsanzeichen schnell im Bestand aus. Die Kaninchen sterben plötzlich nach schnupfenähnlichen Erscheinungen (siehe auch Seite 98).

Oben: Eitriger Nasenausfluß bei ansteckendem Schnupfen.

Unten: Befund: Lugenentzündung nach Pasteurellose.

Bakterielle Infektionen

Andere Formen der Pasteurellose.
- Kopfschiefhaltung durch Befall des Mittel- und Innenohres (Gleichgewichtsorgan),
- eitrige Augenentzündung (Abgrenzung zur Myxomatose ist wichtig!)
- Abszesse in der Haut und Unterhaut durch das Eindringen der Erreger in kleinere Hautverletzungen,
- eitrige Gebärmutterentzündung mit Ausfluß bei Häsinnen, oft als Folge von Geburtsverletzungen,
- Entzündungen mit Vergrößerungen der Hoden bei Rammlern.

Behandlung: In größeren Beständen sollten erkrankte Tiere aus dem Stall genommen und eingeschläfert werden.

In kleinen Beständen, bei Einzelhaltung oder wenn nur Schnupfenerscheinungen festzustellen sind, kann nach einer Resistenzprüfung im Labor eine Behandlung mit Antibiotika versucht werden. Man muß wissen, daß auf diesem Weg eine vorübergehende Besserung erreicht wird, aber keine Abtötung der Pasteurellen in der Nasenhöhle oder Nasennebenhöhle erfolgt. Eine erneute Erkrankung ist somit jederzeit möglich, wenn die Kaninchen wieder Belastungen ausgesetzt werden.

Zur Bestandssanierung ist eine Antibiotikabehandlung völlig ungeeignet, da auch die behandelten Tiere Ausscheider bleiben.

Vorbeugung: Um den Ausbruch einer Erkrankung zu verhindern, müssen die Kaninchen in einer optimalen Umgebung gehalten werden, d.h.
- gute Stalluft ohne Zugluft,
- Schadgase, insbesondere Ammoniak, gering halten,
- Feuchtigkeit im Stall niedrig halten, Einstreu oder Kotrinnen mehrmals wöchentlich wechseln bzw. sauber halten,
- Temperaturschwankungen im Stall vermeiden, eventuell durch Aufhängen von Heizstrahlern,
- optimale, tiergerechte Fütterung und Versorgung mit allen notwendigen Vitaminen und Spurenelementen,
- Verminderung und Vermeidung der Parasitenbelastung (Kokzidien, Würmer),
- erkrankte Tiere aus dem Stall entfernen, erkrankte Häsinnen auch nach eventueller Behandlung und Abklingen der Krankheitserscheinungen nicht mehr für die Zucht einsetzen, da sie den Erreger an die Jungtiere weitergeben,
- Käfige, in denen kranke Tiere gesessen haben, gründlich reinigen und desinfizieren,
- mindestens vier Wochen Quarantäne von Tieren, die nach einer Ausstellung zurückkommen.

Grundsätzlich ist die Pasteurellose eine schwer zu beherrschende Erkrankung der Kaninchen. Größere Verbreitung kann man durch die konsequente Durchführung der genannten Maßnahmen vermeiden. Alle Versuche, *Pasteurella*-freie Kaninchenbestände zu schaffen, sind bislang aus unterschiedlichen Gründen fehlgeschlagen: dazu zählen die anatomische Besonderheit des Kaninchenkopfes, hoher Aufwand und Kosten, fehlende Konsequenz bei Sanierungsprogrammen; ein spezifischer und geeigneter Impfstoff steht z. Zt. nicht zur Verfügung. Es bleibt also als einzige

Maßnahme, durch optimale Haltungsbedingungen die Widerstandskraft der Kaninchen zu festigen, so daß der Krankheitserreger vom Tier selbst kontrolliert werden kann und eine starke Vermehrung im Tier verhindert wird.

Bordetellose

Die Erreger der Erkrankung *(Bordetella bronchiseptica)* finden sich fast immer bei Erkrankungen der Atemwege, und sie werden oft zusammen mit Pasteurellen nachgewiesen. Auch bei gesunden Tieren werden die Bordetellen häufig im Nasen-Rachen-Raum festgestellt.

Krankheitserscheinungen: Als Bestandserkrankung sieht man bei den erkrankten Tieren – ähnlich wie bei Pasteurellose – wiederholt auftretenden Schnupfen mit Niesen, wäßrigen und eitrigen Nasenausfluß, aber auch Lidbindehautentzündung und Lungenentzündung mit schnellem Krankheitsverlauf, Atembeschwerden, Freßunlust und Tod innerhalb weniger Tage.

Infektion: Bordetellen werden durch nicht sichtbar erkrankte Kaninchen meist durch Zukauf in den Bestand eingeschleppt; sie infizieren dann schnell die anderen gesunden Tiere im Bestand. Auch Ausstellungen stellen ein erhöhtes Ansteckungsrisiko dar. Wie bei den Pasteurellen können Verminderung der Abwehrkräfte durch Reizung der Atemwege bei Schadgaseinwirkung (Ammoniak, Kohlendioxid), große Hitze, Kälte und falsche Lüftung mit erhöhtem Luftzug die Erkrankung zum Ausbruch bringen.

Diagnose: Die Krankheitserreger lassen sich bei der Untersuchung gestorbener Tiere aus den veränderten Organen und bei lebenden Tieren aus Nasentupferproben isolieren und nachweisen.

Zur **Behandlung** erkrankter Tiere eignen sich verschiedene Antibiotika, die nach Erstellung eines Antibiogrammes in einem Untersuchungslabor ausgewählt werden müssen. Wichtig ist die frühzeitige Erkennung der Erkrankung mit nachfolgender gezielter Behandlungseinleitung.

Vorbeugend ist bei Zukauf neuer Kaninchen und bei der Wiedereinstellung nach einer Ausstellung eine Quarantäne von mindestens 2 Wochen, besser noch 3 Wochen einzuhalten. Manchmal ist während dieser Zeit eine antibiotische Behandlung über mehrere Tage ratsam, um das Ansteckungsrisiko der anderen Tiere im Bestand zu verringern.

Rodentiose (Pseudotuberkulose, Yersiniose, Nagerpest)

Die Rodentiose wird durch *Yersinia pseudotuberculosis* oder – selten – durch *Yersinia enterocolitica* verursacht. Die Krankheit kommt vorwiegend bei Feldhasen, aber auch bei Kaninchen und anderen Nagetieren, z.B. Chinchilla, vor. Tiere aller Altersklassen können erkranken.

Die **Ansteckung** erfolgt durch die Aufnahme der Erreger im Stall. Die Keime werden durch infizierte Kaninchen, Mäuse und Ratten, gelegentlich auch über Vögel eingeschleppt.

Da die Erkrankung einen schleichenden, chronischen Verlauf nimmt, sind

Bakterielle Infektionen

Bei der Pseudotuberkulose kommt es zu ausgedehnten entzündlichen Veränderungen im Darm der Tiere.

die Krankheitszeichen wenig charakteristisch. Man sieht Abmagerung, häufig von Durchfall begleitet, und im Endstadium Mattigkeit, Durchfall, Fieber, manchmal Atemnot. Erkrankte Tiere sterben fast immer, da die Erkrankung meist nicht frühzeitig erkannt wird und die Behandlung zu spät kommt. Durch eine Untersuchung in einem Untersuchungslabor kann die Erkrankung aber schon im Frühstadium festgestellt werden.

Eine **Behandlung** mit spezifischen Antibiotika nach Resistenzprüfung sollte bei Einzeltieren versucht werden, ist in größeren Beständen aber nicht sinnvoll. Dort kann eine Bestandsbehandlung über mehrere Tage in Erwägung gezogen werden. Erkrankte Tiere sollten ausgemerzt werden. Die Stallungen müssen gründlich gereinigt und desinfiziert werden. Quarantäne bei Zukauf oder Neueinstellung von Tieren ist in diesem Fall nutzlos, da die Erkrankung einen chronischen Verlauf über mehrere Wochen hat und in der Quarantäne nicht erkannt wird.

Tuberkulose

Die Tuberkulose ist eine chronisch verlaufende Infektionskrankheit, verursacht durch Mykobakterien der Rinder oder Vögel. Seit der konsequenten und flächendeckenden Bekämpfung der Rindertuberkulose ist die Tuberkulose auch bei den Kaninchen sehr selten geworden.

Der Erreger wird von den Kaninchen mit dem Futter aufgenommen, wobei Fertigfutter frei von Tuberkuloseerregern ist.

Symptome: Die Tiere zeigen Abmagerung und Atembeschwerden. Die Krankheit verläuft langsam und schleichend. Durch Untersuchung einzelner Tiere lassen sich die Tuberkulosebakterien in den veränderten Organen nachweisen.

Eine Behandlung ist erfolglos. Kranke und verdächtige Tiere sollten eingeschläfert werden. Stallungen und Käfige sind mit einem speziell gegen Tuberkulosekeime wirksamen Desinfektionsmittel einzusprühen (siehe Seite 129).

Tularämie (Kaninchenfieber, Hasenpest)

Tularämie ist eine Infektionskrankheit der Wildnager und kommt gelegentlich auch bei Hauskaninchen vor; in Deutschland gibt es gegenwärtig keine Tularämie. Der bakterielle Erreger ist *Francisella tularensis*.

Außenparasiten wie Zecken, Milben, Flöhe können die Erkrankung übertragen.

Besondere Krankheitszeichen sind nicht erkennbar. Die Tiere sind matt, fres-

Infektionskrankheiten

sen nicht und sterben nach 2 bis 4 Tagen. Eine Laboruntersuchung muß die Diagnose sichern und von Rodentiose (siehe Seite 70) und Tuberkulose (siehe Seite 71) abgrenzen.

> Eine **Behandlung** sollte nicht erfolgen, da sich Menschen auch anstecken und erkranken können. Das Vorkommen der Tularämie ist deshalb für Tierärzte **meldepflichtig.**

Salmonellenbefall führt zu dünnflüssigem, stinkendem Durchfall.

Salmonellose

Salmonellen sind Bakterien, die bei allen Tierarten und beim Menschen Erkrankungen auslösen können. Besondere Faktoren wie mangelnde Hygiene begünstigen die Entstehung der Erkrankung. Die Salmonellose ist daher meist eine Faktorenkrankheit. Sie ist häufiger bei einer Haltung auf Einstreu als bei einer Haltung auf Gitterböden.

Die **Ansteckung** mit Salmonellen erfolgt über den Kot infizierter Kaninchen, Mäuse oder Ratten, manchmal auch der Vögel. Aus der infizierten Einstreu oder kontaminiertem Grünfutter nehmen die gesunden Kaninchen den Erreger auf. Die Menge der aufgenommenen *Salmonella*-Bakterien ist dabei der entscheidende Faktor für den weiteren Verlauf der Erkrankung.

Große Mengen der Bakterien führen bei allen Kaninchen des Bestandes zur Freßunlust, Apathie und nach wenigen Tagen setzt Durchfall ein. Tragende Häsinnen verwerfen mit Blutungen aus der Scheide. Diesem akuten Krankheitsverlauf steht der chronische Verlauf gegenüber. Hier ist in erster Linie der Darmkanal betroffen. Die infizierten Tiere magern ab, es sind Fellveränderungen erkennbar und der abgesetzte Kot ist dünn und stinkend.

Durch eine **bakteriologische Untersuchung** lassen sich die Salmonellen im Durchfallkot oder in den Organen gestorbener Tiere nachweisen.

Behandlung: Über Futter oder Trinkwasser können den Kaninchen Antibiotika verabreicht werden. Eine vorherige Antibiotika-Resistenzprüfung im Untersuchungslabor hilft, das geeignete Antibiotikum auszuwählen. Die Behandlung muß kontinuierlich über mehrere Tage erfolgen. Nach der Beendigung der Therapie ist eine weitere bakteriologische Kotuntersuchung zur Kontrolle ratsam.

Vorbeugend ist auf sorgfältige Futterlagerung zu achten, um die Verunreinigung des Futters durch Nagerkot zu verhindern. Futterbehälter, Geräte und Käfige müssen regelmäßig sorgfältig gereinigt und desinfiziert werden.

Nach Ausbruch der Salmonellose sollte die Untersuchung aller Zuchttiere erfolgen, um auch solche Tiere zu erkennen, die die Salmonellen ausscheiden, aber selber keine Erkrankung zeigen. Diese Tiere müssen ausgemerzt werden, da sie eine Gefahrenquelle für alle anderen Kaninchen darstellen.

Das Fleisch erkrankter Tiere oder von Salmonellen auscheidenden Tieren ist für den menschlichen Genuß **nicht** geeignet.

Pseudomoniasis

Der Krankheitserreger *Pseudomonas aeruginosa* kommt gelegentlich bei Kaninchen vor und führt zu lokalen Haut- oder Schleimhautveränderungen, oder er verursacht eine akut verlaufende Allgemeininfektion.

Krankheitserscheinungen: Bei der Haut- und Schleimhautinfektion sieht man einen chronischen Krankheitsverlauf mit Geschwüren in der Mundschleimhaut und der Haut am ganzen Körper sowie an den Gliedmaßen. Bei der Allgemeininfektion ist der Krankheitsverlauf akut mit Benommenheit, blutigem Nasenausfluß, Atemnot und Tod in wenigen Tagen.

Infektion: Die Ansteckung erfolgt bei der Allgemeininfektion über stark mit Pseudomonas-Bakterien verunreinigtes Futter oder Wasser und bei der Haut- und Schleimhautinfektion durch Verschmutzungen aus der Stallumgebung.

Behandlungsmaßnahmen kommen bei akut erkrankten Tieren meist zu spät. Ist der Krankheitsverlauf langsamer, so wird mit Antibiotika (nach Resistenzprüfung!) über mehrere Tage behandelt. Zur Vorbeuge ist eine gründliche Trinkwasser- und Tränkehygiene nötig sowie das Sauberhalten des Stalles.

Staphylokokkose

Verschiedene Staphylokokken (*Staphylococcus aureus*, *S. intermedius* u. a.) verursachen die unterschiedlichsten und vielfältigsten Krankheitserscheinungen sowohl bei Jungtieren als auch bei erwachsenen Kaninchen:

Akute Allgemeininfektion: Apathie, Freßunlust, eitrige Lidbindehautentzündung, Tod 1 bis 2 Tage nach den ersten Erscheinungen.

Chronische Allgemeininfektion: Der Krankheitsbeginn ist wenig auffällig, und je nach Befall der betroffenen Organe (Lunge Leber, Gebärmutter) zeigen sich die organtypischen Symptome.

Eitrige Hautentzündung: Pustelbildungen in der Haut, die besonders bei Jungtieren auftreten.

Eitrige Lymphknotenentzündung: Schwellungen und deutliche Vergrößerungen der Halslymphknoten, z. T. mit Abszeßbildung, entwickeln sich bei dieser Entzündungsform.

Gelenkentzündung: Die Gelenke sind verdickt und schmerzhaft mit deutlich sichtbarer Bewegungsstörung.

Zahnfachentzündung: Eine starke Verdickung des Kiefers mit Knochenentzündung ist erkennbar.

Entzündung der Milchdrüse (Mastitis): Bei säugenden Häsinnen sieht man häufig eine schmerzhafte Entzündung einzelner Milchdrüsenkomplexe oder der gesamten Milchleiste mit Vergrößerung, Rötung, Schwellung und Abszeßbildung.

Eitrige Gebärmutterentzündung: Aus der Scheide tritt eitriges, zähes Sekret aus.

Infektion: Die Krankheitserreger (Staphylokokken) dringen durch kleine Hautwunden ein; von Jungtieren werden sie mit der infizierten Muttermilch aufgenommen. Staphylokokken halten sich in der Umgebung der Tiere und sind schwierig zu bekämpfen.

Zur **Behandlung** eignen sich verschiedene Antibiotika (Resistenzprüfung!), wobei die Verträglichkeit für Kaninchen berücksichtigt werden muß. Die Behandlungserfolge sind oft fraglich. Bei örtlichen Infektionen (Abszesse) muß neben der lokalen Behandlung auch eine allgemeine Antibiotikagabe erfolgen. Neben diesen Maßnahmen am Tier ist die Umgebung der Tiere zu reinigen; die Käfige bzw. die Stallung sind gründlich zu desinfizieren. Bei der Erkrankung von Nestjungen ist auf eine saubere, trockene, weiche Einstreu zu achten. Die Nistkästen sind danach sorgfältig zu desinfizieren.

Fleisch und Organe erkrankter Tiere dürfen **nicht** als Lebensmittel verwendet werden.

Listeriose

Der Krankheitserreger, *Listeria monocytogenes*, wird durch andere infizierte Tiere (Mäuse, Ratten, Schafe) und über faulendes Gras sowie schlechte Silage in den Bestand eingeschleppt. Die Erkrankung ist eine Einzeltiererkrankung, selten eine Bestandserkrankung.

Krankheitserscheinungen: Bei akutem Infektionsverlauf verwerfen tragende Häsinnen, der Scheidenausfluß ist blutig, die Tiere zeigen Freßunlust, Apathie und sterben nach 1 bis 2 Tagen. Ist der Krankheitsverlauf chronisch, magern die Tiere ab und zeigen Gleichgewichtsstörungen mit Kopf-Schiefhaltung und unkoordinierten Bewegungen (Gehirnhautentzündung).

Eine **Behandlung** erkrankter Tiere ist aussichtslos, die Tiere sollten eingeschläfert und zur Diagnosefindung in einem Untersuchungslabor untersucht werden. Wichtig ist es herauszufinden, woher die Infektion kommen konnte, damit der Infektionsweg gezielt unterbrochen werden kann. Fleisch und Organe erkrankter Tiere sind als Lebensmittel **nicht** zu verwenden.

Tyzzersche Krankheit *(Bacillus piliformis)* siehe Seite 105.

Protozoen-Infektionen

Protozoen sind einzellige Parasiten, die gelegentlich bei Kaninchen vorkommen und akute und chronische Allgemeininfektionen verursachen. Zu den Protozoen, die Allgemeininfektionen hervorrufen, gehören **Toxoplasmen** und **Enzephalitozoon**. Die **Kokzidien** sind ebenfalls Protozoen, sie verursachen Darm- und Lebererkrankungen (siehe Seite 106, 112).

Toxoplasmose

Infektionen mit Toxoplasmen sind bei Kaninchen selten. Sie können akute und chronische Krankheitsformen auslösen. Durch Katzenkot verunreinigte Einstreu oder verschmutztes Futter kann Toxoplasmen-Oozysten enthalten und zur Infektion führen.

Krankheitserscheinungen: Bei der akuten Verlaufsform sind die Tiere benommen, zeigen Freßunlust und man sieht Bewegungsstörungen. Der Tod tritt nach kurzer Zeit ein. Verläuft die Erkrankung chronisch, beobachtet man Freßunlust, Abmagerung, Blutarmut und später Bewegungsstörung mit Lähmung der Hintergliedmaßen.

Die **Diagnose** wird durch Gewebeuntersuchung der Organe gestellt, in denen man die Toxoplasmenzysten nachweist. Eine Blutuntersuchung ist möglich.

Eine **Behandlung** der erkrankten Tiere ist nur bei genauer Diagnosestellung sinnvoll.

Kaninchen scheiden, wie die anderen Nagetiere, keine Toxoplasmen-Oozysten aus. Der Mensch könnte sich also nur durch Verzehr von rohem Kaninchenfleisch infizieren.

Encephalitozoon-Infektion

Der Erreger, *Encephalitozoon (Nosema) cuniculi,* kommt bei Kaninchen und Mäusen vor und wird durch orale Aufnahme übertragen. Da er über den Urin der infizierten Tiere ausgeschieden wird, ist eine Übertragung durch infiziertes Futter möglich, wenn dieses Mäusen zugänglich ist. Auch eine Übertragung auf die ungeborenen Jungtiere in der Gebärmutter wird vermutet.

Krankheitserscheinungen: Die Erkrankung ist in vielen Beständen verbreitet, ohne daß Krankheitserscheinungen auftreten oder chronische Krankheitsfolgen erkennbar sind. Wird allerdings das Gehirn oder Rückenmark infiziert, sieht man Lähmungen, Gleichgewichtsstörungen und fehlende Koordination, ähnlich wie bei der Toxoplasmose.

Eine **Diagnose** läßt sich durch den Nachweis der Mikrosporidien in den Zellen von Gehirn und inneren Organen stellen.

Wirksame **Behandlungs- und Vorbeugemaßnahmen** sind nicht bekannt. Schadnager sollten nicht an das Futter gelangen können.

Pilzinfektionen (Mykosen)

Mykosen werden durch verschiedene krankmachende Pilzarten hervorgerufen. Je nach Besiedlungsort unterscheidet man die **Hautpilzerkrankungen (Dermatomykosen)** und **Organ- oder Systemmykosen.** Außerdem kommen noch Erkrankungen durch Giftstoffe (Toxine) von Pilzen vor, die als **Mykotoxikosen** bezeichnet werden.

Hautpilzerkrankungen

Krankmachende Pilze wie *Trichophyton,* seltener *Microsporum* und *Achorion* siedeln sich auf der Haut der Kaninchen an. Eine Vorschädigung der Haut durch vermehrten Tränenfluß oder Nasenausfluß sowie durch Außenparasiten ist oft zu beobachten.

Durch Kontakt zu anderen Kaninchen oder Tieren mit Pilzbefall wie Hund, Katze oder Nager siedeln sich die Pilz-

Infektionskrankheiten

Oben: Hautpilzerkrankungen führen zu Haarausfall und schuppigen Stellen im Fell.

Unten: Der Verdacht auf Hautpilzerkrankung wird im Labor durch eine Pilzkultur aus Schuppen, Borken oder Haaren bestätigt.

Schreitet die Erkrankung weiter fort, können größere Teile des Körpers von kahlen, schuppigen Stellen und Flechtenbildungen überzogen sein. Die Hautpilzerkrankung breitet sich im Bestand meistens recht schnell aus. Eine Laboruntersuchung von Krusten, Borken, Schuppen oder Haaren sichert die Diagnose.

Bei einer Bestandserkrankung, die selten vorkommt, ist der Einsatz von Arzneimitteln über das Futter erforderlich. Ein Tierarzt leitet die **Behandlungsmaßnahmen** nach Art, Menge und Dauer ein.

Daneben muß unbedingt eine Reinigung und geeignete Desinfektion der Käfige und Gerätschaften erfolgen (siehe Seite 129), da die Sporen der Pilze sehr widerstandsfähig sind.

Sind Einzeltiere erkrankt, so kann eine örtliche Behandlung mit geeigneten Medikamenten (Antimykotika) durchgeführt werden. Wichtig ist das Freischeren der betroffenen Hautveränderungen und die regelmäßige und ausreichend lange Behandlung. Die Behandlung muß über das sichtbare Abheilen hinaus fortgesetzt werden.

Geeignete Mittel zur Behandlung von Hautpilzerkrankungen sind
– Clotrimazol (Canesten): lokal zum Auftragen auf die veränderten Hautpartien
– Enikonazol (Imaverol): lokal anzuwendende 2%ige Lösung als Bad oder zum Betupfen
– Griseofulvin (Licuden M): Systemisches Mittel; 25 mg/kg Körpergewicht zweimal täglich über 3 Wochen über das Futter, nicht bei Fleischkaninchen

sporen auf der Haut an. Auch Stallgeräte und Menschen können die Pilze übertragen.

Die ersten **Krankheitserscheinungen** sieht man an den Augen, dem Nasenrücken und am Ohrgrund. Die Veränderungen sind häufig ringförmig (Ringflechte). Die Haare lassen sich büschelweise ausziehen und die Haut ist leicht verdickt, etwas gerötet und schuppig.

– Ketokonazol (Nizoral): Systemisches Mittel; 5 bis 10 mg/kg Körpergewicht täglich im Futter, nicht bei Fleischkaninchen

Eine sorgfältige Untersuchung zugekaufter Tiere verhindert die Erregereinschleppung. Auch eine 3- bis 4wöchige Quarantäne der Neuzugänge in Einzelkäfigen hat sich bewährt. Die Käfige sollten leicht zu desinfizieren sein. Holzkäfige sind ungeeignet.

Sind in einem großen Bestand einzelne Tiere erkrankt, so sollten diese nicht im Bestand verbleiben, damit eine weitere Ausbreitung verhindert wird.

Stallungen, Geräte und Käfige müssen beim Auftreten von Hautpilzerkrankungen regelmäßig gereinigt und mit geeigneten Desinfektionsmitteln behandelt werden.

Pilze in inneren Organen

Durch die Aufnahme von Schimmelpilzsporen oder Schimmelpilzmycel mit der Atemluft oder mit dem Futter können sich in der Lunge oder im Darm Pilzinfektionen entwickeln. Diese Form der Pilzinfektion ist bei Kaninchen selten.

Die **Ansteckung** erfolgt durch Einatmen der Pilzsporen oder deren Aufnahme mit verschimmeltem Futter. Von Lungen und Darm ausgehend, kann sich die Pilzinfektion im Körper auch weiter ausbreiten.

Die Kaninchen zeigen ein **chronisches Krankheitsbild** mit Abmagerung, schlechtem Allgemeinbefinden und bei Befall der Lungen auch Atemnot. Diese Form der Pilzinfektion endet immer tödlich. Die typischen krankhaften Veränderungen der inneren Organe kann man nur bei einer pathologisch-anatomischen Untersuchung (Sektion) im Untersuchungslabor feststellen.

Eine **Behandlung** erkrankter Tiere verspricht wenig Erfolg. Schimmelpilze können sich in alter, schlechter, unsachgemäß gelagerter Einstreu oder in feucht-warm gelagertem Futter vermehren. Schlechte Stalluft fördert die Vermehrung der Schimmelpilze. Optimale, trockene Lagerung von Einstreu und Futter ist daher die beste Vorbeuge gegen Schimmelpilzinfektionen. Erkrankte Tiere sollten aus dem Bestand entfernt werden.

Fütterungsbedingte Vergiftungen durch Pilztoxine

Einzelne Schimmelpilzarten sind in der Lage, Toxine (= Giftstoffe) zu bilden, die zu Organschädigungen führen können. Diese Erkrankung wird bei Kaninchen selten festgestellt. Trotzdem ist von der Verfütterung sichtbar verpilzten Futters dringend abzuraten. Trockene sachgemäße Futterlagerung beugt der Schimmelpilzbildung vor.

Vergiftungen

Giftstoffe schädigen den Organismus. Die Menge des aufgenommenen Giftstoffes ist entscheidend für den Verlauf der Erkrankung.

Vergiftungen sind bei Kaninchen selten. Verschiedene Giftstoffe, die im Umfeld der Kaninchen eingesetzt werden, können aber bei unsachgemäßer Handhabung eine Gefahrenquelle darstellen.

Die **Krankheitserscheinungen** bei einer Vergiftung sind wenig spezifisch und auch bei einer Untersuchung gestorbener Tiere ist oft nur ein Verdacht zu äußern. Beweisend ist der Nachweis eines Giftstoffes im Darminhalt oder in Organen durch eine chemisch-toxikologische Untersuchung, die allerdings in der Regel mit hohen Kosten verbunden ist. Zeichen einer **akuten** Vergiftung können sein:
– Störung des Gleichgewichts,
– Lähmungen,
– Atemnot,
– Speicheln,
– blutiger Nasenausfluß,
– Verstopfung,
– blutiger Durchfall,
– Blut im Harn,
– Aborte bei tragenden Häsinnen.

Chronische Vergiftungen zeigen sich durch
– Abmagerung,
– Hautschäden,
– Bewegungsstörungen,
– Lähmungen,
– Blutarmut,
– Gelbsucht.

Behandlungsmaßnahmen können beim Vorliegen eines Vergiftungsverdachtes nur erfolgreich sein, wenn sie früh genug durchgeführt werden. Die Behandlung muß der Tierarzt durchführen.

Vergiftungen durch chemische Stoffe

Verschiedene Stoffe kommen in Frage, die an Kaninchen und in der Umgebung der Kaninchen angewendet werden und durch Unachtsamkeit oder unsachgemäße Anwendung Schäden hervorrufen können.

Arzneimittel

- **Antibiotika:** Penicillin: Durchfall, Dysenterie, Haarausfall
  Ampicillin: Durchfall, Abmagerung, Haarausfall
  Cephalexin: Durchfall, Abmagerung
  Spiramycin: Haarausfall
  Kanamycin: Durchfall
  Tylosin: Durchfall, Abmagerung
- **Insektizide:** nach äußerlicher Anwendung zur Behandlung von Außenparasiten kann das Insektizid abgeleckt werden. Jungtiere sind besonders ge-

Vergiftungen durch chemische Stoffe

fährdet. Die Tiere zeigen Benommenheit, Krämpfe, Lähmungen, Durchfall.

Holzschutz- und Rostschutzmittel

Nach der Behandlung der Stallungen oder Geräte mit solchen Mitteln muß das Benagen und Belecken der Materialien verhindert werden. Die Stallungen müssen einige Tage leerstehen und gut belüftet werden. Betroffene Kaninchen zeigen Abmagerung, Haar- und Hautschäden, Blutarmut, Gelbsucht.

Desinfektionsmittel

Rückstände der Desinfektionsmittel werden oral aufgenommen oder die Dämpfe reizen Schleimhäute und Atemwege. Man sieht Tränenfluß, Nasenausfluß, Bindehautentzündung

Schädlingsbekämpfungsmittel, Rodentizide (gegen Ratten und Mäuse)

Die Giftstoffe müssen so ausgebracht werden, daß sie für die Kaninchen nicht zugängig sind. Köder nicht in die Nähe von Kaninchenfutter legen! Die Tiere sind bei der Aufnahme solcher Stoffe benommen, zeigen Blutungen und sie speicheln stark.

Rückstände in Pflanzen (Düngemittel, Pflanzenschutzmittel)

- **Stickstoffverbindungen:**
  Sie werden nach übermäßiger Düngung in Grünpflanzen eingelagert. Nach der Futteraufnahme entsteht das giftige Nitrosamin, welches zu Benommenheit, Atemnot, Speicheln, Durchfall und Blutungen führen kann. Enthält das Trinkwasser, z. B. aus einem eigenen Brunnen, zuviel Nitrat, können ähnliche Krankheitserscheinungen auftreten. Meist handelt es sich um chronische Erkrankungen mit Haarausfall und einer verminderten Fruchtbarkeit bei Häsinnen.
- **Unkrautbekämpfungsmittel** (Herbizide):
  Mit solchen Stoffen behandeltes Futter darf nicht an Kaninchen verfüttert werden. Bei Grünfütterung muß darauf unbedingt geachtet werden! Die betroffenen Tiere zeigen Benommenheit, Krämpfe und Durchfall.
- **Schädlingsbekämpfungsmittel:**
  Hierzu zählen Stoffe wie DDT, Aldrin, E 605, Parathion u. a. Vergiftungen führen zu Benommenheit, Taumeln, Speicheln, Abmagerung, Blutugen, Blutarmut, Gelbsucht.

Zur Vermeidung von Vergiftungen sollten folgende Punkte beachtet werden:

Mäuse- und Rattenbekämpfungsmittel (Rodentizide):
Köder nicht in der Nähe des Kaninchenfutters auslegen! Sehr giftig für Kaninchen.

Unkrautbekämpfungsmittel (Herbizide):
Behandeltes Futter nicht an Kaninchen verfüttern, bei Grünfuttergewinnung unbedingt beachten!

Holzschutzmittel:
Nach Behandlung der Stallungen müssen diese einige Tage leerstehen und gut durchlüften

Vergiftungen

Düngemittel:
Pflanzen von gedüngten Feldern nur nach genauer Kenntnis der verwendeten Düngemittel verfüttern, besser: Fütterung vermeiden!

Arzneimittel:
Arzneimittel dürfen nur nach Anweisung des Tierarztes eingesetzt werden; Dosis und Dauer der Arzneimittelgabe sowie die Wartezeit bis zur Schlachtung müssen beachtet werden; diese Informationen erhält man vom Tierarzt.

Desinfektionsmittel:
Auf sachgemäße Anwendung hinsichtlich Konzentration und Einwirkungszeit sowie auf Verträglichkeit für die Kaninchen ist zu achten; viele Desinfektionsmittel dürfen nur im nicht belegten Stall verwendet werden.

Giftpflanzen

Giftige Pflanzen werden den Kaninchen in Unkenntnis angeboten, wenn frisches Grünfutter an Feld- und Wegrändern gesammelt wird. Auch im getrockneten Zustand können einzelne Giftpflanzen noch Schaden anrichten. Die wichtigsten Giftpflanzen sind: Adlerfarn (*Pteridium aquilinum*), Bingelkraut (*Mercurialis annua u. perennis*), Fingerhut (*Digitalis purpurea*), Gartenschierling (*Conium maculatum*), Herbstzeitlose (*Colchicum autumnale*), Kartoffelkraut und -keimlinge (*Solanum tuberosum*), Eibe (*Taxus baccata*), führt schnell zum Tod! Weitere Giftpflanzen und die Symptome, die sie hervorrufen, sind in der untenstehenden Tabelle genannt.

In Verdachtsfällen muß das Futter mit den darin enthaltenen Pflanzen analysiert werden. Solche Untersuchungen führen botanische Institute und Pflanzenschutzämter durch.

Vergiftungen durch Pflanzen und Unkräuter (nach LÖLIGER 1986, verändert)

Pflanzen	Krankheitserscheinungen
Adlerfarnkraut	Gleichgewichtsstörungen, Verstopfung, Erholung möglich
Bingelkraut	Benommenheit, Durchfall, Blutharnen
Buchweizen	Erregung, Krämpfe, Hautentzündung
Eisenhut	Speicheln, Atemnot, Durchfall, Tod durch Ersticken
Fingerhut	Erregung, Durchfall, Koma, Krämpfe
Gartenschierling	Krämpfe, Speicheln, Tympanie, Durchfall, Lähmung, Tod durch Ersticken
Goldregen	Krämpfe, Speicheln, Lähmung
Hahnenfuß	Durchfall, Erregung, Speicheln, Koma
Herbstzeitlose	Speicheln, Tympanie, Durchfall, Lähmung, Koma
Kartoffel (Samen, Kraut, Keimlinge)	Speicheln, Durchfall, Benommenheit, Atemnot, Tod durch Ersticken
Klatschmohn (grüner Samen, grüne Stengel)	Erregung, Krämpfe, Speicheln, Bewußtlosigkeit, Erholung möglich
Kornrade (Samen)	Speicheln, Durchfall, Tympanie, Tod
Lupine, gelb (Samen, Stroh)	Benommenheit, Verstopfung, Durchfall, Atemnot, Gelbsucht, Koma
Schachtelhalm-Arten	Mattigkeit, Taumeln, Lähmung, Tod
Schöllkraut (Wurzel, Frucht)	Durchfall, Taumeln, Atemlähmung
Senfartige (Scharfer Senf, Weißer Senf, Ackersenf, Gänsesterbe)	Verstopfung, Tympanie, Atemnot, Krämpfe, Durchfall, Koma
Taxus (Eibe)	Erregung, Taumeln, Krämpfe, Speicheln, Durchfall, Tympanie, Koma
Wolfsmilch	Speicheln, Tympanie, Verstopfung, Krämpfe

Erbkrankheiten

Solche angeborene oder sich beim Heranwachsen entwickelnde Erkrankungen sind bei Kaninchen nicht sehr häufig. Werden sie in einem Wurf oder in einer Linie vermehrt festgestellt, sollten diese Tiere von der weiteren Zucht ausgeschlossen werden.
Es werden beobachtet:

Verkürzung des Ober- oder Unterkiefers

Die Futteraufnahme ist beeinträchtigt, da die Zähne des Ober- oder Unterkiefers infolge fehlender Abnutzung unkontrolliert wachsen. Dieser angeborene Defekt wird gelegentlich beobachtet.

Linsentrübung (grauer Star)

Die Augenlinse ist schon bei der Geburt sichtbar getrübt. Die Trübung nimmt in den ersten Lebenswochen weiter zu. Der Augapfel tritt sichtbar vor.

Epilepsie

Bei Jungtieren im Alter von 8 Wochen können in seltenen Fällen epileptiforme Anfälle beobachtet werden.

Haarlosigkeit

Diese Erbkrankheit wird gelegentlich bei einzelnen Jungtieren eines Wurfes beobachtet. Die Jungtiere sterben meist in den ersten Lebenstagen.

Einstülpung der Augenlider (Entropium)

Die nach innen eingerollten Augenlider verursachen durch die Wimpernhaare eine Reizung und Schädigung der Hornhaut. Zuerst tränt das Auge, später kann sich die Horn- und Bindehaut entzünden, der Ausfluß wird trüb und eitrig, und es kommt schließlich zur vollständigen Erblindung.

Haut und Haarkleid

Myxomatose

Bei der Myxomatose kommt es zu Schwellungen, vor allem am Ohrgrund sowie an Nase, Nasenrücken und Lippen. Die Genital- und Afterregion kann ebenfalls betroffen sein. Weitere Informationen zur Myxomatose siehe Seite 62. **Kaninchenpocken** siehe Seite 66.

Außenparasiten (Ektoparasiten)

Milben

Diese Parasiten rufen das Krankheitsbild der Räude hervor. Bei Kaninchen sind die Ohrräude und die Haut- und Kopfräude von Bedeutung.

Ohrräude
Wird durch Befall mit Ohrmilben *(Psoroptes cuniculi)* verursacht.

Die **Übertragung** erfolgt durch direkten Kontakt der Tiere untereinander, über Zwischenträger wie Fliegen, Mäuse oder Hunde sowie über Stallgeräte und Käfige. Feuchte Wärme, d.h. schlechtes Stallklima, und unhygienische Stallverhältnisse begünstigen die Entstehung und Verbreitung der Räude.

Symptome: Die befallenen Tiere leiden unter Juckreiz, schütteln den Kopf

Bei der Ohrräude führt das durch den Juckreiz bedingte Kratzen oft zu Borkenbildung.

und kratzen sich häufig in den Ohren. In der Ohrmuschel sieht man Borkenbildung und durch Ansteckung mit Bakterien eine eitrige Entzündung der Haut. Vom äußeren Gehörgang kann die Entzündung auch auf das Mittel- und Innenohr übergreifen und schwere Gleichgewichtsstörungen mit Kopf-Schiefhaltung verursachen.

Außenparasiten

In den Belägen der Ohrmuschel kann der mikroskopische Nachweis der Milben erfolgen. Danach wird ihre **Bekämpfung** durch den Tierarzt durchgeführt. In der Regel ist es erforderlich, alle Tiere eines Bestandes in die Maßnahmen einzubeziehen. Eine zweimalige Injektionsbehandlung mit Ivomec im Abstand von etwa acht Tagen zeigt gute Erfolge; leider ist dieses Medikament in Deutschland für die Anwendung bei Kaninchen bislang nicht zugelassen. Möglich ist auch eine örtliche Abtötung der Milben mit entsprechenden Mitteln. Neben einer Bekämpfung am Tier sind unbedingt Maßnahmen im Bestand zu ergreifen, um Neuinfektionen zu verhindern.

Schwer erkrankte Tiere sind aus dem Bestand zu entfernen und unschädlich zu beseitigen. Käfige, Stalleinrichtungen und Gerätschaften müssen gründlich gereinigt und mit Insektiziden (Vorsicht bei der Anwendung!) eingesprüht werden. Nur eine sorgfältige Durchführung dieser Maßnahmen führt zum Erfolg.

Neu zugekaufte Tiere müssen auf Hautveränderungen untersucht werden; gegebenenfalls ist eine vierwöchige Quarantäne nötig.

Haut- und Kopfräude

Die Erkrankung manifestiert sich an Kopf, Rumpf und Gliedmaßen und wird durch verschiedene Räudemilben verursacht *(Sarcoptes, Psoroptes, Notoedres)*.

Wie bei der Ohrräude erfolgt die **Ansteckung** durch direkten Kontakt mit erkrankten Tieren und durch die Übertragung von Zwischenträgern wie Geräten, Käfigen u.a. Auch hier fördern schlechtes Klima und unhygienische Verhältnisse im Stall die weitere Verbreitung der Räude.

Symptome: Um die Augen, an Lippen und Stirn sowie am Ohrgrund und weiter fortschreitend am Hals und Rumpf sieht man Hautrötungen, Schuppenbildung und Haarausfall. Die Haut verdickt sich mit Borkenbildung, unter denen auch eitrige Pusteln sitzen können. Im weiteren Verlauf der Erkrankung magern die Kaninchen ab und die Hautveränderungen breiten sich über den ganzen Körper aus. Bei einer mikroskopischen Untersuchung der Hautschuppen oder -borken lassen sich im Labor die Milben nachweisen.

Wie bei der Ohrräude erfolgt die **Bekämpfung** der Milben am einzelnen Tier und/oder im gesamten Bestand. Auch bei dieser Räudeform müssen Reinigung und Desinfektion der Stallgeräte und der Käfige äußerst sorgfältig durchgeführt werden.

Hautrötungen, Schuppenbildung und Haarausfall sind typische Symptome der Haut- und Kopfräude.

Haut und Haarkleid

> **Achtung!** *Sarcoptes*-Milben können auch Menschen befallen – das Anlegen von Schutzhandschuhen ist deshalb bei den Bekämpfungsmaßnahmen ratsam!

Herbstgrasmilben

Gelegentlich werden Kaninchen im Herbst auch von Grasmilben *(Neotrombicula autumnalis)* befallen. Sie heften sich besonders an den weniger behaarten Stellen an und können dort wochenlang verbleiben. Nur die Larven dieser Milbenart leben parasitisch. Die Milbenlarven verursachen Unruhe und Juckreiz. Die von den Mundwerkzeugen der Larven verursachten Hautverletzungen können schließlich zu einer eitrigen Hautentzündung führen.

Behandlung: Befallene Kaninchen werden mit Insektiziden gepudert oder gewaschen. Stallhaltung und Verzicht auf Grasfütterung beugt der Herbstgrasmilbenerkrankung vor.

Zecken

Kaninchen in einer offenen Haltung (Freilandhaltung) können von Zecken (meist *Ixodes ricinus*) befallen werden. Alle Entwicklungsstadien der Zecken (Larven, Nymphen, adulte Zeckenweibchen) saugen Blut. Zecken sitzen auf Gräsern und Sträuchern und befallen von hier aus die Kaninchen. Nach der Blutmahlzeit fallen die Zeckenstadien wieder ab. Larven und Nymphen häuten sich zum jeweils folgenden Stadium, während die abgefallenen Zeckenweibchen nach der Begattung Eier legen, aus denen neue Larven schlüpfen. Nur bei starkem Befall sieht man Krankheitserscheinungen wie Blutarmut und Schwäche.

Links eine nüchterne Zecke (Weibchen), rechts ein Weibchen nach der Blutmahlzeit. Zecken sollten immer möglichst rasch entfernt werden, da sie Krankheitserreger übertragen können.

Die Nymphen und die erwachsenen Zecken haben als Spinnentiere vier Beinpaare, die Larven dagegen sind sechsbeinig.

> **Achtung!** Zecken können Myxomatose, Papillomatose, Tularämie und RHD übertragen.

Die blutsaugenden Zeckenstadien können vom Kaninchenkörper abgesammelt werden. Es muß darauf geachtet werden, daß durch eine Drehbewegung der Zeckenkopf vollständig mitentfernt wird, da sonst die Gefahr von Entzündungen entsteht. Beim Tierarzt oder in der Apotheke sind auch sogenannte Zeckenzangen erhältlich, mit deren Hilfe das Herausdrehen der Zecken sehr einfach ist (siehe Seite 61).

Außenparasiten

Läuse und Flöhe

Läuse leben ständig, Flöhe nur zeitweise auf dem Wirtstier Kaninchen. Beide saugen Blut. **Läuse** beunruhigen die Kaninchen sehr stark. Die Kaninchen entwickeln sich schlecht trotz gutem Futterangebot.

Die Läuse oder ihre Eier lassen sich im Haarkleid der Kaninchen an der Haarbasis mit Hilfe einer Lupe gut erkennen. Als Insekten mit gegliedertem Körperbau haben sie drei Beinpaare. Eine wiederholte Bekämpfung mit Insektiziden im Abstand von 8 Tagen führt zur Abtötung der Läuse und der nachgewachsenen neuen Läusegeneration.

Kaninchenläuse sind wirtsspezifisch und gehen normalerweise nicht auf andere Tiere oder den Menschen über.

Flöhe sind blutsaugende Insekten, die aber zur Entwicklung der jugendlichen Formen warme Nester und Liegestellen der Tiere benötigen. Das Flohweibchen legt nach der Blutmahlzeit Eier in die Nester der Kaninchen. Aus den Eiern entwickeln sich Larven, die sich unter günstigen Bedingungen im mit blutigem Flohkot angereicherten Nest nach etwa 3 Wochen zu einer neuen Flohgeneration entwickelt haben, die nun wieder Blut saugen muß. Flöhe sind am Tier nachzuweisen. Werden sie mit den Fingern gegriffen und ins Wasser getaucht, sind die langen Sprungbeine mit bloßem Auge deutlich zu erkennen.

Eine Bekämpfung der Flöhe muß neben dem Tier auch die Umgebung wie Nesthöhlen und Lagerplätze mit einbeziehen. Verseuchte Einstreu und Nestmaterial müssen beseitigt werden. Wie bei der Läusebekämpfung werden Insektizide eingesetzt.

Es gibt verschiedene Präparate, die sich zur **Bekämpfung** von Ektoparasiten beim Kaninchen eignen. Die Dosierungsanleitungen des Herstellers sind

> **Achtung!** Flöhe übertragen Myxomatose, Tulärämie und RHD.

genau zu beachten, damit es nicht zu Vergiftungen oder Schädigungen der Tiere kommt.
- **Ivermectin:** 200 – 400 μg/kg s.c., zweimal im Abstand von 7 bis 14 Tagen, auch lokal in das gereinigte Ohr (lange Wartezeit beachten bei Tieren, die der Lebensmittelgewinnung dienen!)
- **Amitraz** (Ectodex): 0,6%ige Lösung dreimal im Abstand von 1 Woche.
- **Phosphorsäureester** (Neguvon): 0,15%iges Bad 2- bis 3mal alle 8 Tage.
- **Pyrethroide** (Stomoxin)
- **Hexachlorcyclohexan** (Dermaculin, Orisel, Penochron)
- Umgebungsbehandlung mit Vaponastip, Dichlorvos, Permetrin.

Mücken

Stechmücken, die bei Kaninchen Blut saugen, sind als Überträger der Myxomatose und RHD von großer Bedeutung. Das Anbringen von Gaze an Fenstern und Käfigen verhindert das Eindringen der Mücken in den Stall. Offene Wasserstellen in der Umgebung der Kaninchenstallungen sollten, wenn möglich, beseitigt werden, da hier die Entwicklung der Mückenlarven stattfindet.

Haut und Haarkleid

Hautpilze

Die Symptome und die Behandlung von Hautpilzerkrankungen sind auf Seite 75 beschrieben.

Wunde Läufe

Entzündungen der Sohlenhaut der Hinterläufe werden bei manchen Kaninchenrassen – besonders bei schweren Rassen und bei Angorakaninchen – vermehrt festgestellt. Sehr bedeutsam für die Krankheitsentstehung ist die Bodenfläche, auf der die Tiere gehalten werden.

Fast immer sind **äußere Ursachen** für die Entstehung der Sohlenhautentzündung verantwortlich: harter rissiger Käfigboden, scharfe Kanten am Drahtboden oder ständig feuchte Einstreu führen zu Hauterweichungen und -verletzungen mit bakteriellen eitrigen Entzündungen als Folge. Auch eine einseitige Fütterung begünstigt die Entstehung der wunden Läufe.

An der Unterseite der Hinterläufe (Sohlen) entstehen nässende Wunden, z.T. mit Eiterbildung. Die Kaninchen bewegen sich wenig und am Käfigboden oder in der Einstreu sind oftmals kleinere Blutreste sichtbar.

Erkrankte Tiere müssen in weiche und saubere Einstreu gesetzt werden. Die Entzündung der Sohlen wird wiederholt mit Wundspray oder antibiotischen Salben bis zur Abheilung behandelt. Fehler in der Haltung, scharfe Kanten oder Risse im Boden müssen beseitigt werden. Gitterroste bei einstreuloser Haltung müssen einen entsprechenden Abstand und eine geeignete Dicke der Stäbe aufweisen! Außerdem können Sitzplatten in die Käfige verbracht werden. Es ist darauf zu achten, daß Kotreste entfernt werden und die Einstreu immer trocken und sauber ist. Die Zusammensetzung des Futters muß auf Ausgewogenheit überprüft werden. Eine ausreichende Vitamin-A- und Proteinversorgung sollte gewährleistet sein.

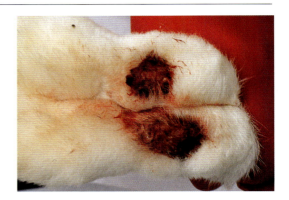

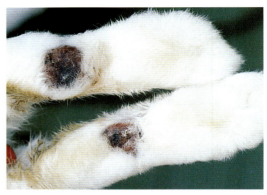

Oben: Wunde Läufe als Folge von scharfen Kanten am Drahtboden.

Unten: Ständig nasse Einstreu kann zu Hautverletzungen führen. Daraus entstehen häufig wunde Läufe.

Eitrige Entzündungen der Haut

Da wunde Läufe fast immer durch Haltungs- und Fütterungsfehler verursacht werden, kann durch eine optimale Haltung die Entstehung dieser Krankheit oftmals verhindert werden.

Eitrige Entzündungen der Haut

Abszeßbildung oder flächenförmige Entzündungen der Haut werden manchmal gehäuft in einem Bestand festgestellt.

Durch kleine Hautverletzungen oder bei Räudemilbenbefall dringen bakterielle Eitererreger in die Haut ein und verursachen örtliche Entzündungen. Die Haut ist verschmutzt, gerötet und gespannt. Schließlich kommt es zur eitrigen Entzündung. Auch schmierige, stinkende Auflagerungen sind festzustellen. Man sieht diese Veränderungen am Bauch, an der Innenfläche der Hinterläufe und häufig im Halsbereich.

Behandlung: Eine Erregerisolierung und Antibiotika-Resistenzprüfung im Labor ist ratsam. Die Wunden müssen gereinigt und mit antibakteriellen Salben oder Wundpuder örtlich bis zur Abheilung behandelt werden.

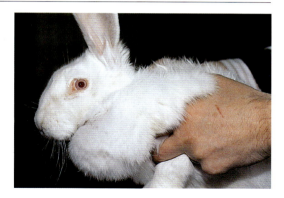

Oben: Eitrige Abszesse treten besonders im Halsbereich häufiger auf.

Mitte: Damit die Entzündung abheilen kann, muß der Abszeß sich öffnen oder vom Tierarzt eröffnet werden.

Unten: Kaninchen mit flächenhafter Hautentzündung.

Haut und Haarkleid

Vorbeugend ist auf Sauberkeit und Hygiene bei der Haltung zu achten: saubere, trockene Einstreu, regelmäßige Reinigung und Desinfektion der Käfige bei einstreuloser Haltung.

Fell- und Wollefressen, Haarausfall

Ausrupfen von Fell oder Wolle gehört bei tragenden Häsinnen zur normalen Geburtsvorbereitung.

Daneben wird jedoch auch bei Mangelernährung (Eiweiß- und Spurenelementmangel), bei hochgradigem Parasitenbefall und bei Vergiftung ein Ausrupfen des Fells und der Wolle beobachtet.

Die Tiere zeigen büschelweisen Haarausfall und ein struppiges Haarkleid. Es kann durch Haarballenbildung im Magen zu erheblichen Verdauungsstörungen und in der Folge zur Abmagerung kommen.

Die Futterzusammensetzung muß geprüft werden. Parallel dazu sollte eine Hautpilz- sowie parasitologische Kotuntersuchung beim Tierarzt oder im Labor sollte erfolgen. Außerdem muß nach der möglichen Einwirkung von Giftstoffen über Futter oder Trinkwasser gesucht werden. Erhöhte Nitratwerte im Trinkwasser verursachen auch Haarausfall.

Die **Behandlung** richtet sich nach der Ursache, die abgestellt werden muß.

Erkrankungen der Augen

Erkrankungen der Augen treten beim Kaninchen häufig auf. Man sollte die Tiere regelmäßig daraufhin überprüfen, da manche Augenkrankheiten Symptome bestimmter Infektionskrankheiten sind.

Entzündungen der Augenlider, Lidbindehäute und der Augenhornhaut

Entzündungen der Augenlider, der Lidbindehaut und der Hornhaut sind oft gleichzeitig nebeneinander vorliegende Erkrankungen.

Entzündungen am Auge werden oft bei Allgemeinerkrankungen wie Myxomatose (siehe Seite 62), Pasteurellose (siehe Seite 67) oder bei Hautpilzerkrankungen mit bakterieller Beteiligung festgestellt. Aber auch Verletzungen durch Kratzen sowie die Einwirkung von reizenden Schadstoffen bei schlechtem Stallklima oder falscher Anwendung von Desinfektionsmitteln führen zu Entzündungen.

Oben: Eine Lidbindehautentzündung führt zunächst zu klarem Augenausfluß.

Mitte: Bei fortgeschrittener Lid- oder Bindehautentzündung schwillt das Auge zu, der Ausfluß wird eitrig.

Unten: Kaninchen mit Hornhauttrübung.

Erkrankungen der Augen

Symptome: Die Augenlider sind geschwollen und gerötet, man sieht einen zuerst klaren, später trüben, eitrigen Augenausfluß. Bei einer Entzündung der Hornhaut ist diese getrübt und von einem grauweißen Schleier überzogen. Wird keine oder eine zu späte Behandlung durchgeführt, kann die Lidspalte sich völlig verschließen. Unterhalb des Auges ist die Haut durch das abfließende Sekret gerötet, gereizt und verschmutzt.

Außerdem sieht man an den Innenflächen der Vorderläufe ebenfalls Verschmutzungen, die durch den Versuch der Tiere entstehen, das Auge sauber zu wischen.

Am Auge ist bei einer **Behandlung** große Vorsicht geboten, da die Gefahr von Verletzungen sehr groß ist. Vorsichtig wird der Augenausfluß mit abgekochtem Wasser oder 2- bis 3%iger Borsäure entfernt. Danach werden antibiotische Augensalben (vom Tierarzt) zur weiteren Behandlung wiederholt eingesetzt.

Achtung: Bei Verletzungen der Hornhaut dürfen **keine** Cortisonhaltigen Augensalben verwendet werden!

Sind entzündliche Veränderungen am Auge Begleiterscheinungen anderer Erkrankungen (Myxomatose, Pasteurellose), müssen diese ebenfalls behandelt werden (siehe Seite 62, 67). Vorbeugend müssen schädigende Reizungen, verursacht durch schlechte Stalluft, Ammoniak (bei nicht regelmäßiger Entmistung), durch unvorsichtigen Umgang mit Desinfektionsmitteln oder durch Zugluft verhindert werden.

Beim Vorliegen der Myxomatose ist die schmerzlose Tötung ratsam.

Andere Entzündungen am Auge

Der gesamte Augapfel kann durch Übergreifen von bakteriellen Entzündungsprozessen eitrig verändert sein. Meist ist ein Auge betroffen.

Diese Form der Entzündung ist oft bei Allgemeinerkrankungen wie der Pasteurellose festzustellen. Man sieht eitrigen Ausfluß und eine Einschmelzung des Augapfels. Die Erkrankung endet meist tödlich.

Ausnahmsweise ist eine chirurgische Entfernung des Auges möglich. Meistens ist jedoch das Einschläfern des erkrankten Kaninchens zu empfehlen.

Erkrankungen der Ohren

Ohrenerkrankungen führen häufig zu vermehrtem Kopfschütteln. Wenn dieses Symptom zu beobachten ist, sollten die Ohren der Tiere gründlich überprüft werden.

Ohrräude

Die Ohrräude wird durch eine bestimmte Milbenart hervorgerufen. Zu den Symptomen und Behandlungsmöglichkeiten siehe Seite 82.

Entzündungen der Ohren

Äußerer Gehörgang

Der äußere Gehörgang kann im Zusammenhang mit Räude- oder Pilzinfektionen entzündlich verändert sein. Bakterien als sekundäre Krankheitserreger sind ebenfalls fast immer beteiligt.

Vermehrtes Kopfschütteln, Reiben der Ohren, Pustelbildung, später borkige Auflagerungen sind die deutlich erkennbaren **Krankheitserscheinungen.** Bei Hautpilz können andere Körperteile – Kopf, Rumpf, Vorderläufe – mit von der Erkrankung betroffen sein.

Nach Feststellung der genauen Krankheitsursache durch den Tierarzt, gegebenenfalls mit Einbeziehung von La-

Oben: Bei einer Entzündung des Mittelohrs kommt es zu Gleichgewichtsstörungen und Schiefhalten des Kopfes.

Unten: Wenn auch das Innenohr betroffen ist, in dem sich das Gleichgewichtsorgan befindet, wird der Kopf extrem schief gehalten.

Erkrankungen der Ohren

boruntersuchungen, kann die Entzündung örtlich behandelt werden. Weitere Informationen siehe auch Seite 75 (Hautpilze) und Seite 82 (Ohrräude).

Mittel- und Innenohr

Entzündliche Erkrankungen des Mittel- und Innenohres sind fast immer die Folge bakterieller Allgemeinerkrankungen (Pasteurellose, siehe Seite 67). Bei Entzündungen der Nasenhöhle und des Rachens (Schnupfen, siehe Seite 68) können die bakteriellen Krankheitserreger über die Ohrtrompete (siehe Abb. Seite 91) in das Mittelohr gelangen. Hier entwickelt sich eine zuerst nicht erkennbare, eitrige Entzündung.

Symptome: Im weiteren Verlauf der Erkrankung kommt es zu einer leichten Schiefhaltung des Kopfes, später, wenn auch das Gleichgewichtsorgan (Innenohr) betroffen ist, wird die Störung des Gleichgewichtssinnes mit extremer Kopf-Schiefhaltung deutlicher. Die Kaninchen überschlagen sich. Eine koordinierte Bewegung ist nicht mehr möglich.

Eine **Behandlung** ist in der Regel aussichtslos. Kaninchen mit starken Gleichgewichtsstörungen sollten eingeschläfert werden.

Verletzungen am Ohr, Bluterguß

Insbesondere bei langohrigen Kaninchenrassen sind Verletzungen mit Bluterguß in der Ohrmuschel häufig.

Benagen der Ohrmuschel im Verlauf der Jungtieraufzucht führt zur Bildung von Stummelohren. Scheuern und Schlagen der Ohrmuscheln bewirkt eine meist einseitige Schwellung mit Herunterhängen der Ohren (Bluterguß). In beiden Fällen muß eine bakterielle Infektion durch die Verwendung von antibiotischen Salben oder Wundsprays verhindert werden. Beim Bluterguß entfernt der Tierarzt durch Punktion die unter der Haut der Ohrmuschel entstandene Flüssigkeitsansammlung, versorgt die Punktionswunde und verhindert eine weitere Ergußbildung eventuell durch Anlegen eines Druckverbandes.

Erkrankungen von Gehirn und Gehirnhäuten

Entzündliche Erkrankungen des Zentralnervensystems mit Veränderungen der Nervenzellen oder der Gehirnhäute sind fast immer die Folgen von Infektionskrankheiten. **Bakterien** wie Pasteurellen oder Listerien verursachen eine eitrige Entzündung. **Viren** z. B. Borna bewirken eine nicht-eitrige Entzündung.

Parasiten wie Toxoplasmen und andere einzellige Parasiten z.B *Encephalitozoon (Nosema cuniculi)* verursachen eine herdförmige Entzündung.

Die Kaninchen zeigen die typischen Erscheinungen einer Störung des Nervensystems: Taumeln, gestörte Koordination mit ataktischen und Drehbewegungen sowie Schiefhaltung des Kopfes.

Eine genaue **Diagnose** kann durch eine pathologisch-anatomische Untersuchung gestellt werden.

In der Regel ist von einer Behandlung abzuraten. Das erkrankte Kaninchen sollte eingeschläfert und eine Untersuchung durchgeführt werden.

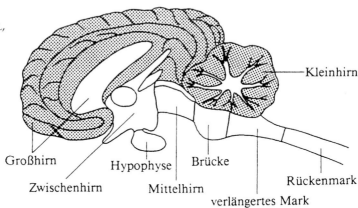

Schematische Darstellung des Kaninchengehirns (nach NICKEL, SCHUMMER, SEIFERLE 1975)

Lahmheiten, Lähmungen

Die fehlende Möglichkeit des Abstützens einzelner oder beider Vorder- und Hinterläufe wird als **Lahmheit** bezeichnet.

> Verletzungen, Wunden, Knochenbrüche, Entzündungen der Gelenke, Sehnen und Muskeln führen zur Schonung der Gliedmaßen, zur Unsicherheit bei Belastung, zur **Lahmheit**. Eine **Lähmung** ist das durch eine Nervenschädigung bedingte Unvermögen, die Gliedmaßen oder andere Körperteile aktiv zu bewegen.

Frakturen und Verletzungen der Wirbelsäule, Blutungen im Rückenmarkskanal und Entzündungen des Nervensystems bewirken eine vollständige oder unvollständige **Lähmung**. Ist die Lendenwirbelsäule geschädigt, sieht man neben der Lähmung der Hinterläufe auch eine Behinderung des Harn- und Kotabsatzes. Die Kaninchen zeigen dann eine auffällige, starke Verschmutzung der Afterregion.

Zur Sicherung der **Diagnose** muß eine genaue Untersuchung durch den Tierarzt erfolgen.

Behandlungsmaßnahmen sind abhängig von der Ursache der Lahmheit oder Lähmung.

Lahmheiten durch Wunden, Frakturen oder Entzündungen können oft durch chirurgische Maßnahmen erfolgreich behandelt werden. Bei vollständigen beidseitigen Lähmungen sind die Heilungs- und Behandlungsaussichten schlecht. Zeigen die getroffenen Behandlungsmaßnahmen keinen Erfolg, sollten die Kaninchen eingeschläfert werden.

Erkrankungen von Knochen, Gelenken und Muskulatur

Knochenbrüche (Frakturen)

Knochenbrüche können bei Kaninchen in allen Altersklassen auftreten. Gliedmaßen, Wirbelsäule oder Becken sind betroffen. Häufigste **Ursache** der Frakturen ist das Hängenbleiben mit den Läufen am Käfig und anschließende Befreiungsversuche.

Symptome: Die Kaninchen belasten die Gliedmaße nicht mehr. Liegt die Fraktur in der Wirbelsäule oder im Becken, kann die Nachhand gelähmt sein oder die Hinterläufe sind nicht belastbar. Oft ist eine Reibung der gebrochenen Knochenenden fühlbar.

Durch eine **Röntgenuntersuchung** wird die Diagnose und der genaue Ort der Fraktur festgestellt. Frakturen der Vorder- oder Hinterläufe können nach Operation (Nagelung) oder nach dem Eingipsen beim Tierarzt ausheilen. Bei Frakturen des Beckens oder der Wirbelsäule ist eine Behandlung wenig aussichtsreich. Das Einschläfern der betroffenen Kaninchen ist zu empfehlen.

Rachitis

Länger anhaltender Vitamin-D-Mangel führt bei Jungtieren zu einer mangelhaften Verknöcherung und damit zu einer Verbiegung der Knochen der Vorder- und Hinterläufe. Diese als Rachitis bezeichnete Erkrankung kommt nur sehr selten vor.

Wenn Vitamin D bei älteren Tieren nicht ausreichend über das Futter zugeführt wird, kommt es zur Aufweichung der zuvor festen Knochenstruktur. Diese Entkalkungserscheinungen zeigen sich also erst nach der Säugeperiode, da die Muttermilch meist ausreichend Vitamin D enthält. Die Knochen der Läufe verbiegen sich, an den Rippen sind Verdickungen fühlbar.

Eine ausreichende Vitamin-D-Zufuhr mit dem Futter muß sichergestellt werden. Außerdem sollte Vitamin D vom Tierarzt mehrmals in Abständen gespritzt werden.

Gelenkentzündungen

Entzündungen meist mehrerer Gelenke werden bei bakteriellen Allgemeinerkrankungen öfter beobachtet.

Symptome: Allgemeine bakterielle Erkrankungen wie Pasteurellose (siehe Seite 67), Salmonellose (siehe Seite 72) oder Staphylokokkeninfektionen können zu eitrigen Gelenkentzündungen führen. Die betroffenen Gelenke sind leicht verdickt, die Kaninchen bewegen sich weniger und langsam, oft ist die Körpertemperatur erhöht (mehr als 40 °C).

Erkrankungen von Knochen, Gelenken und Muskulatur

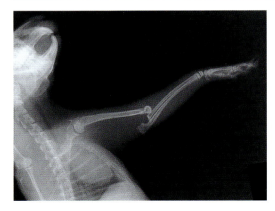

Oben: Kaninchen mit ausgekugeltem Ellenbogengelenk.

Mitte: Das Röntgenbild zeigt bei diesem Kaninchen einen Bruch des Oberarms (links), der vom Tierarzt mit einer Nagelung chirurgisch behandelt wird (rechts).

Unten: Kaninchen mit Knochenbruch des rechten Hinterbeins.

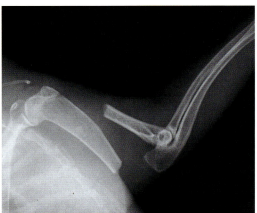
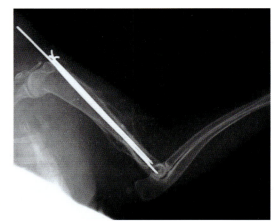
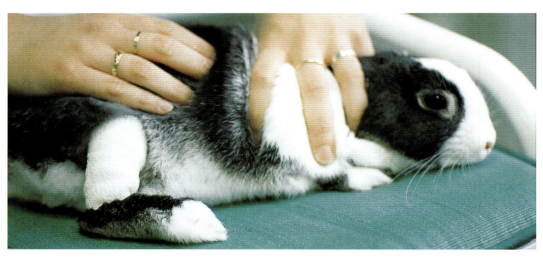

Ist ein einzelnes Tier betroffen, kann eine Behandlung mit Antibiotika durch den Tierarzt versucht werden. Die Behandlung sollte mit einem ausgetesteten Antibiotikum und über mehrere Tage durchgeführt werden. Sind in einem größeren Bestand mehrere oder viele Kaninchen erkrankt, muß nach einer Labordiagnose eine entsprechende Bestandsbehandlung durchgeführt werden (siehe auch S. 55 bis 57).

Auskugeln von Gelenken

Beim Auskugeln werden Hüft- oder seltener Schultergelenke durch starke Zugeinwirkung aus ihrer gelenkigen Verbindung gezogen. Das meist einseitige Auskugeln der Gelenke kann durch falsches Festhalten oder Ergreifen der Kaninchen und nach Festhängen am Käfig durch starken Zug an der betroffenen Gliedmaße verursacht werden.

Symptome: Die Bewegungsfähigkeit der Tiere ist eingeschränkt, das betroffene Gelenk ist nicht beweglich und der Vorder- oder Hinterlauf ist abgewinkelt. Eine Röntgenaufnahme sichert die Diagnose und schließt einen Knochenbruch aus.

Unter Narkose wird beim Tierarzt das ausgekugelte Gelenk wieder in die normale Lage gebracht.

Muskelschwund

Es handelt sich um einen langsam fortschreitenden Schwund der Muskulatur, der bei abgesetzten Jungtieren manchmal beobachtet wird. Mangel an Vitamin E im Futter oder verdorbenes Futter führt zum langsam fortschreitenden Schwund der Muskulatur.

Symptome: Zuerst zeigen die Kaninchen keine auffälligen Krankheitszeichen. Nach und nach entwickeln die Tiere Bewegungsunlust und einen steifen Gang. Knochen und Gelenke sind nicht erkrankt.

Vorbeugung: Über das Futter muß ausreichend Vitamin E in Form von Tokopherol zugeführt werden. Auf eine abwechslungsreiche, ausgewogene Fütterung ist insbesondere in den Wintermonaten zu achten.

Über das Trinkwasser kann bei erkennbarem Mangel wasserlösliches Vitamin E zugeführt werden. Die Angaben der Arzneimittelhersteller sind dabei unbedingt zu beachten.

Erkankungen der Atemwege

Erkrankungen der Atemwege können durch schlechtes Stallklima oder Unterkühlung hervorgerufen werden.

Ansteckender Schnupfen

Beim ansteckenden Schnupfen handelt es sich um eine bei sehr vielen Kaninchen zu beobachtende Entzündung der Nasenschleimhäute.

Mehrere Krankheitsfaktoren sind bei der Entstehung der Nasenschleimhautentzündung beteiligt: Bakterien (*Pasteurella, Bordetella,* Staphylokokken, siehe Seite 67, 68), Kälte, Zugluft, zu trockene Luft und Reizung der Nasenschleimhaut durch gasförmige Substanzen – z.B. Ammoniak bei feuchter Stalluft aus Harnzersetzung, Desinfektionsmittel nach falscher Anwendung. Auf einer vorgeschädigten Nasenschleimhaut können sich die bakteriellen Krankheitserreger auf Grund der fehlenden örtlichen Abwehrkräfte vermehren und zu Entzündungen führen. Eine Besonderheit der Kaninchen ist, daß nicht nur die Nasenhöhlen, sondern auch die Nasennebenhöhlen von der Entzündung betroffen werden.

Diese meist eitrige Nasennebenhöhlenentzündung ist bei der **Behandlung** bzw. Bekämpfung des ansteckenden Schnupfens besonders zu beachten. Die Krankheitserreger finden hier ein geeignetes Milieu zur Vermehrung. Sie sind durch Antibiotika nur schwer zu erreichen, da die Arzneimittelkonzentration in der Nasennebenhöhlenschleimhaut oft nicht ausreicht, um die Bakterien abzutöten. Die Erreger sind außerdem fast immer von einer eitrigen Hülle umgeben, die sie vor der Einwirkung der Antibiotika zusätzlich schützt. Eine antibiotische Behandlung des ansteckenden Schnupfens zeigt daher meist nur Teilerfolge. Der Vermeidung der Schadfaktoren – feuchtes Stallklima, Schadgase, Reizung durch Zugluft – kommt daher größte Bedeutung zu.

Auch beim Zukauf von Kaninchen sollten die Tiere auf Schnupfenfreiheit untersucht werden. Gegebenenfalls ist eine Quarantäne notwendig. In dieser Zeit kann ein Nasentupfer genommen und im Labor bakteriologisch untersucht werden.

Ansteckende Lungenentzündung

Lungenentzündungen, oft eine Folge des ansteckenden Schnupfens, sind bei Kaninchen auf bakterielle Krankheitserreger zurückzuführen.

Der Verlauf der Erkrankung und das **Krankheitsbild** sind abhängig von den

Ansteckende Lungenentzündung

Beim ansteckenden Schnupfen kommt es zu wässrigem Nasenausfluß, die Nasenschleimhäute sind gerötet.

beteiligten Bakterien; oft lassen sich keine deutlichen Unterschiede erkennen. Pasteurellen, Bordetellen, Staphylokokken, Pseudomonaden und Streptokokken sind die Bakterien, die bei Kaninchen Entzündungen der Lunge verursachen können. Nur der Erregernachweis durch eine bakteriologische Untersuchung im Labor ermöglicht die Identifizierung der Bakterien.

Symptome: Die erkrankten Kaninchen zeigen verringerte Aktivität, Apathie, schlechte Futteraufnahme, Abmagerung und eine erschwerte, teilweise beschleunigte Atmung mit Flankenschlag. Oft ist auch Nasenausfluß festzustellen. Bei akutem Krankheitsverlauf sterben die Tiere innerhalb von 2 bis 4 Tagen. Aber auch chronische längere Erkrankungen mit einer Dauer von bis zu 14 Tagen können vorkommen.

Die **Behandlung** richtet sich nach dem Krankheitserreger und dessen Antibiotikaempfindlichkeit, die zunächst in einem Untersuchungslabor getestet werden muß. Nach der Erstellung des Antibiogramms erfolgt die Antibiotikagabe in der Regel über das Trinkwasser, aber auch eine Einzeltierbehandlung mit Injektionen ist möglich.

Vorbeugend müssen alle belastenden Faktoren wie schlechte Haltung, schlechte Stalluft, unzureichende einseitige Fütterung oder andere Erkrankungen, z.B. Kokzidiose, vermieden werden. Eine sorgfältige, saubere und hygienische Haltung schützt die Kaninchen am besten vor dieser Erkrankung.

Erkrankungen der Verdauungsorgane

Kaninchen haben ein äußerst empfindliches Verdauungssystem, das auf Fütterungsumstellungen oder verdorbenes Futter sehr sensibel reagiert.

Entzündungen der Mundschleimhaut

Selten – meist bei Einzeltieren – kommt es zu Entzündungen in der Mundhöhle, die in der Regel auf das Eindringen von scharfen, spitzen Fremdkörpern in die Mundhöhle zurückzuführen sind. Die Tiere fressen nicht oder wenig, sie magern ab, und ein vermehrter Speichelfluß ist feststellbar.

Nach Feststellung der **Ursache** ist gegebenenfalls die Entfernung des Fremdkörpers notwendig. Anschließend muß die Wunde und die Entzündung tierärztlich versorgt werden. Spülungen der Mundhöhle mit Salbeitee werden durchgeführt, um die Entzündung zum Abklingen zu bringen.

Vorbeugend ist zu beachten, daß das Futter keine scharfen Gegenstände enthalten darf.

Zähne

Entzündungen des Zahnfaches im Ober- und Unterkiefer sowie unkontrolliertes Wachstum einzelner Zähne sind als Einzelerkrankung bei Kaninchen gelegentlich festzustellen.

Ursache der Zahnfachentzündung sind meist Verletzungen. Fehlstellungen der Zähne durch unkontrolliertes Wachstum sind auf Anomalien der Kieferknochen (siehe Seite 14) oder auf falsche Ernährung mit mangelnder Zahnabnutzung zurückzuführen.

Symptome: In beiden Fällen ist die Futteraufnahme behindert oder nicht möglich. Die Tiere magern ab. Die Zahnfachentzündung kann zur Kieferverdickung und zur Abszeßbildung führen.

Bei Zahnfachentzündung wird vom Tierarzt der betroffene Zahn gezogen und die Wunde versorgt. Bei einer Zahnfehlstellung wird der Zahn abgekniffen. Oft ist eine regelmäßige Wiederholung notwendig, da die Zähne des Kaninchens ständig nachwachsen. Die Kaninchen sollten ausreichend Gelegenheit zum Nagen haben, damit die Abnutzung der Zähne gewährleistet ist.

Magen- und Darmentzündungen

Neben der Erkrankung der Atemwege und der Lungen ist der Magen-Darm-Trakt das Organsystem bei Kaninchen, welches am häufigsten erkrankt. Auf je-

Magen- und Darmentzündungen

Zahnanomalien mit übermäßigem Wachstum der Zähne nach Kieferfehlstellungen oder falscher Ernährung. Beim Kaninchen sind meistens die unteren Schneidezähne betroffen (oben und Mitte). Seltener kommt es zu anomalem Wachstum der oberen und unteren Schneidezähne (unten).

de Störung der normalen Funktion reagiert das Kaninchen sehr empfindlich. Die Erkrankungen lassen sich einteilen in **Magenerkrankungen** und in **Darmerkrankungen,** wobei das Krankheitsbild oft keine genaue Abgrenzung erlaubt.

Drei typische Krankheitsbilder werden beobachtet:
1. Aufblähen (Magen und/oder Darm);
2. Verstopfung (Magen oder Darm);
3. Durchfall (Darm).

Magenblähung (Trommelsucht)

Besonders bei jüngeren, aber auch bei älteren Kaninchen tritt das Aufblähen des Magens durch Gasbildung auf. Durch Gährung nach der Aufnahme entsprechend leicht gärfähigen Futters wie fauligen Rübenblättern, frischem Klee, Kohl, Rüben oder Brot sowie sonstigem angefaultem oder gefrorenem Futter entwickeln sich Gärungsgase im Magen.

Symptome: Die Kaninchen sind unruhig, und auf der linken Körperseite zeigt sich die Aufblähung des Magens, der beim Abklopfen einen trommelartigen Ton hören läßt. Infolge von Kreislaufversagen sterben die Kaninchen plötzlich, oft unbemerkt.

Behandlung: Die Blähung muß durch Ableiten der Gase aus dem Magen beseitigt werden. Das macht der Tierarzt mit einer Magensonde. Hierzu werden auch krampflösende Medikamente injiziert. Oft kommt jedoch die Behandlung zu spät.

Vorbeugend muß die Qualität des Futters beachtet werden. Faulige oder

Erkrankungen der Verdauungsorgane

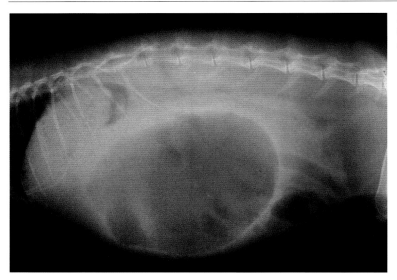

Im Röntgenbild ist der stark überladene Magen deutlich zu erkennen.

gefrorene Futtermittel dürfen nicht verabreicht werden. Futterumstellungen müssen langsam und schrittweise erfolgen und es ist auf eine ausreichende Versorgung mit Rohfaser (Heu) zu achten. Eine einseitige Fütterung mit hohem Eiweißanteil fördert die Entstehung von Magenblähungen.

Magenverstopfung

Eine hochgradige Füllung des Magens bewirkt Überladung und damit fehlenden Weitertransport der Futtermassen in den Dünndarm. Das Resultat ist Verstopfung. Schnelle Aufnahme größerer Futtermengen nach längerer Fastenzeit oder die Aufnahme von Fell und Haaren führt, besonders bei Angorakaninchen, zur Überladung des Magens. Die Magenbewegung, die den Weitertransport in den Dünndarm bewirkt, kommt zum Stillstand, so daß sich im Magen immer mehr Futtermassen ansammeln. Wie bei der Magenblähung tritt der Magen an der linken Körperseite deutlich hervor. Ein trommelartiges Geräusch ist jedoch nicht zu hören. Der gefüllte Magen läßt sich abtasten.

Die **Behandlung** der Magenüberladung (Verstopfung) ist schwierig und meist erfolglos. Eine Magenoperation wird selten durchgeführt, wäre aber möglich. Krampflösende Spritzen und vorsichtiges Anregen der Magenbewegung durch Massage kann versucht werden.

Wichtig ist die **Vorsorge** durch Rationierung der Futterportionen und die Verhinderung des übermäßigen Fell-(Wolle-)fressens durch ein ständiges Heuangebot.

Schleimige Entzündung des Darmes (Mukoide Enteritis)

Eine Entzündung der Darmschleimhaut von Dünn- und/oder Dickdarm hat die

Magen- und Darmentzündungen

Bei einer Darmentzündung ist die Darmschleimhaut verdickt und stark durchblutet.

vermehrte Absonderung eines schleimigen Sekrets in den Darm zur Folge. Der Darminhalt ist schleimig (mukoid) und die Darmschleimhaut ist verdickt und blutreich.
Verschiedene Ursachen sind möglich:
– Unterkühlung besonders bei Jungkaninchen (z.B. durch Zugluft),
– Fütterungsfehler mit daraus resultierender Zunahme von krankmachenden Bakterien (*E. coli* u.a.),
– Parasiten: Kokzidien, Magenwürmer, Darmwürmer.

Die Kaninchen zeigen zuerst nur wenig **Krankheitszeichen.** Die Futteraufnahme ist kaum gestört. Es wird aber ein weicher, oft ungeformter Kot abgesetzt. Im weiteren Verlauf wirken die Tiere apathisch und lustlos. Einzelne plötzliche Todesfälle können auftreten. Auch eine spontane Heilung ist möglich. In größeren Beständen kann sich die Erkrankung weiter ausbreiten und alle Tiere einer Altersklasse befallen.

Die **Behandlung** muß sich nach den festgestellten Ursachen richten. Liegen Haltungs- und Fütterungsfehler vor, müssen diese abgestellt werden. Ein Befall mit Würmern oder Kokzidien kann in Kotproben nachgewiesen und muß mit geeigneten Medikamenten bekämpft werden. Zur Vermeidung von Verlusten in größeren Beständen ist manchmal der kurzfristige Einsatz von Antibiotika erforderlich. Behandlungen mit Futterzusatzstoffen, Probiotika (z.B. Schaumaferm, Toyocerin u.a.) haben teilweise Erfolge gebracht. Wichtig ist die Beseitigung schädigender Faktoren in der Umgebung der Tiere: eine gute Fütterungs- und Haltungshygiene ist die beste Vorbeugemaßnahme gegen Darmentzündungen.

Dysenterie

Dysenterie ist eine Darmerkrankung, die bei Jungkaninchen nach dem Absetzen und bei Mastkaninchen im Alter von ungefähr 12 Wochen auftritt und zu zahlreichen Verlusten führen kann.

Verschiedene **belastende Faktoren** wie Unterkühlung, hoher Eiweißgehalt bei niedrigem Rohfaseranteil im Futter, hohe Besatzdichte und Kokzidienbefall bei Gruppenhaltung führen zur Ansiedlung und Vermehrung von krankmachenden *E. coli*-Bakterien oder Clostridien im Dünn-und Dickdarm. Diese Bakterien bilden Giftstoffe (Toxine), die insbesondere den Kreislauf der Tiere schädigen.

Symptome: Bei Resorption der gebildeten Toxine verläuft die Krankheit sehr schnell mit Todesfällen innerhalb weniger Stunden (Enterotoxämieschock). Bei etwas langsamerem Krankheitsverlauf

Erkrankungen der Verdauungsorgane

Typisches Symptom der Dysenterie ist ein kotverschmiertes Hinterteil bei Jungtieren im Alter von etwa 12 Wochen.

über 3 bis 5 Tage wirken die Toxine nur im Darm; man beobachtet Durchfall mit Verschmutzung der Afterregion. Die Kaninchen sind apathisch und nehmen wenig Futter auf. Die Todesrate liegt bei 90 % der erkrankten Tiere.

Eine **Behandlung** der plötzlich und schnell einsetzenden Erkrankung ist nicht möglich. Frühzeitiges Erkennen und Behandeln der langsam verlaufenden Durchfallerkrankung mit verschiedenen Antibiotika nach Antibiogrammerstellung im Labor kann größere Verluste verhindern. Die Antibiotikabehandlung sollte mehrere Tage dauern und von einer Diät, am besten nur gutes Heu und Wasser, begleitet werden. Sind Einzeltiere erkrankt, so sollte Flüssigkeit zugeführt werden. Die Injektion krampflösender Medikamente wird vom Tierarzt vorgenommen.

Vorbeugend ist auf eine gute Stall- und Fütterungshygiene zu achten: Futterumstellungen müssen langsam erfolgen, der Eiweißanteil im Futter darf in der Absatzphase nicht zu hoch sein (etwa 17 %), die Zufütterung von Heu ist in gefährdeten Beständen ratsam. Die Stalltemperatur und die Luftfeuchtigkeit müssen regelmäßig überwacht werden, bei Gruppenhaltung darf die Anzahl der Tiere pro Gruppe nicht zu groß sein, aus neu zusammengestellten Gruppen müssen »Beißer« entfernt werden, die Parasiten- und Kokzidienbelastung sollte kontrolliert werden und Käfige, Buchten, Futtertröge und Futterautomaten sind regelmäßig zu reinigen und zu desinfizieren. Auf diese allgemeinen und für jede Kaninchenhaltung notwendigen Vorbeugemaßnahmen muß allergrößter Wert gelegt werden. Eine sorgfältige Einhaltung und Durchführung der Vorbeuge verhindert in vielen Fällen das Auftreten der Dysenterie und der damit in Zusammenhang stehenden Verluste.

Rotavirus-Infektion

Die Rotaviren gehören zur Familie der Reoviren und sind bei vielen Tierarten Ursache von Jungtierdurchfällen. Auch die Kaninchenjungtiere infizieren sich durch die orale Aufnahme der Viren. Die Viren befallen die Schleimhautzellen des Dünndarms und verursachen so den Durchfall.

Symptome: Kaninchen bis zu einem Alter von 50 bis 60 Tagen zeigen massive oder immer wiederkehrende Durchfallerkrankungen. Gerade bei Kaninchen dieser Altersklasse können die Verluste sehr hoch sein. Es sind Betriebe bekannt, bei denen bis zu 70 % der Kaninchen an Rotavirusinfektionen gestorben

Magen- und Darmentzündungen

sind. Oft sind am Krankheitsgeschehen auch andere Krankheitserreger wie Kokzidien oder *E. coli* beteiligt, die Rotaviren fungieren dabei durch das Zerstören der Darmzottenspitzen als Wegbereiter für die *E. coli*-Keime.

Der **Nachweis** der Rota-Viren erfolgt in einem Labor bei der Untersuchung eines gestorbenen Tieres.

Eine spezifische **Behandlung** dieser Virusinfektion ist nicht möglich. Wie bei jeder Virusinfektion werden die Symptome behandelt: man sorgt für ausreichende Flüssigkeitszufuhr, gibt Durchfallmittel und Antibiotika zur Vorbeuge bakterieller Sekundärinfektionen.

Vorbeugende Maßnahmen im Stall sind:
- Hygiene (saubere Einstreu),
- Desinfektion,
- rohfaserreiche Fütterung,
- Vermeiden besonderer Streßsituationen wie lange Transporte, Überbelegung im Käfig.

Da in der Regel jüngere Absatztiere betroffen sind, muß beim Auftreten von Krankheitserscheinungen oder Verlusten eine tierärztliche Untersuchung eingeleitet werden, um zu einer gesicherten Diagnose zu kommen und geeignete Maßnahmen einleiten zu können.

Vorbeugende Schutzimpfungen mit Impfstoffen anderer Tierarten sind beschrieben. Für den Einsatz bei Kaninchen gibt es aber keine Zulassung und keine Praxiserfahrung.

Tyzzersche Krankheit

Bacillus piliformis verursacht besonders bei Kaninchen, Meerschweinchen und

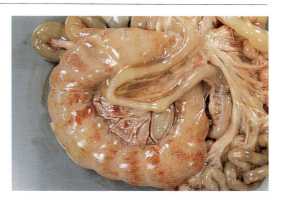

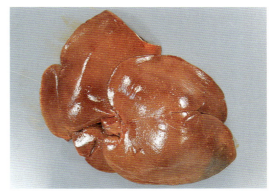

Typischer Untersuchungsbefund bei der Tyzzerschen Krankheit: Die Darmschleimhaut ist entzündlich verändert (oben), und die Leber (unten) ist voller kleiner weißer Knötchen.

Mäusen eine typische Darm- und Lebererkrankung.

Symptome: Der Erreger, der in der Regel durch Schadnager wie Mäuse oder Ratten in einen Bestand eingeschleppt wird, löst ungefähr 10 Tage nach der Ansteckung einen schweren, z.T. blutigen Durchfall aus. Die Tiere magern stark ab und verfallen zunehmend. Die Todesrate ist sehr hoch. Ein anderer Teil der Tiere erholt sich anfänglich, aber mit wiederkehrenden Durchfällen sieht man weiter

Erkrankungen der Verdauungsorgane

fortschreitende Abmagerung und Tod nach mehreren Wochen.

Achtung: Diese Tiere scheiden die ganze Zeit über Erreger aus!

Bei einer **Untersuchung** gestorbener Tiere im Labor sind die typischen Veränderungen in der Darmwand und der Leber erkennbar. Bei einer mikroskopischen Untersuchung der Leber kann der Krankheitserreger *B. piliformis* nachgewiesen werden.

Eine früh einsetzende, mindestens 5 Tage anhaltende **Behandlung** mit Tetracyclin (Antibiotika) über Futter oder Trinkwasser bessert die Erkrankung schnell. Die Einschleppung der Krankheitserreger über Nager muß durch entsprechende Maßnahmen verhindert werden. Es ist auch darauf zu achten, daß das Futter für Mäuse nicht erreichbar gelagert wird. Leere Käfige und benutzte Geräte müssen sorgfältig gereinigt und desinfiziert werden.

Achtung: Fleisch und Organe erkrankter Tiere dürfen nicht als Lebensmittel verwendet werden.

Darmparasiten

Parasiten sind Organismen, die sich auf Kosten anderer Lebewesen ernähren, sich in diesen entwickeln und vermehren. Die Schadwirkung ist abhängig vom Zustand des Wirtstieres und der Befallstärke. Bei älteren Tieren hat sich oft ein Gleichgewicht zwischen Wirt und Parasit ausgebildet. Äußere schädigende Einflüsse können dieses empfindliche Gleichgewicht jedoch stören. Jungtiere sind durch Parasitenbefall besonders gefährdet. Man unterscheidet die Einzeller (Protozoen) wie Kokzidien und die mehrzelligen Parasiten z.B. Würmer. Protozoen und Würmer sind Innenparasiten, sie parasitieren im Darm und in inneren Organen wie Leber und Lungen.

Kokzidiose

Die Kokzidiose ist eine oft verlustreiche, übertragbare Erkrankung der Darmschleimhaut, die durch verschiedene Kokzidienarten verursacht wird. Kokzidien sind einzellige Parasiten mit weiter Verbreitung bei den Kaninchen. Insgesamt sieben Kokzidienarten leben im Darmkanal, eine Art kommt in Gallengängen und Leber vor (siehe Seite 112).

Die Darmkokzidien vermehren sich in den Zellen der Darmschleimhaut. Sie sind weitgehend wirtsspezifisch, d.h. Kokzidienarten der Kaninchen können sich nur bei Kaninchen entwickeln. Die Entwicklung der Kokzidien verläuft in 3 Phasen. Nach Aufnahme der Dauerformen (Oozysten) mit der Nahrung oder durch Belecken von befallenen Gegenständen beginnt in den Darmzellen die ungeschlechtliche Vermehrung. Diese Vermehrung führt zur Zerstörung und zum Befall immer neuer Darmzellen.

Nach mehreren solcher ungeschlechtlicher Teilungsvorgänge entwickeln sich die männlichen und weiblichen Zellen, die miteinander verschmelzen (Befruch-

Darmparasiten

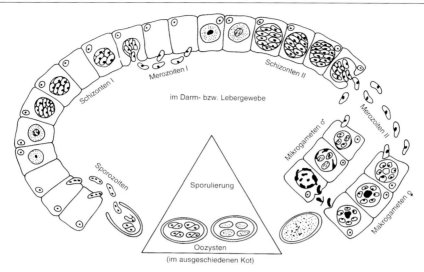

Schematische Darstellung des Entwicklungskreislaufes von Kokzidien. Die reifen Oozysten aus dem Kot werden beim Fressen zusammen mit Heu o. ä. verschluckt. Aus der Oozyste werden die Sporozoiten freigesetzt, die in die Darmzellen eindringen. Dort entwickeln sie sich zu Schizonten I. Diese Schizonten sind ein Vermehrungsstadium: aus jedem Schizonten werden zahlreiche Merozoiten freigesetzt. Die einzelnen Merozoiten dringen erneut in Darmzellen ein und vermehren sich nochmals (Schizonten II). Aus der 2. Schizontengeneration entstehen die Merozoiten II. Aus diesen Merozoiten II werden dann geschlechtliche Stadien: die weiblichen Makrogameten und die männlichen Mikrogameten. Diese vereinigen sich zur Oozyste, die mit dem Kot ausgeschieden wird.

Die Kokzidienarten des Kaninchens und ihre Pathogenität
(nach P. COUDERT, D. LICOIS, F. PROVOT, 1985)

Eimeria-Arten	haupts. lokalisiert in	Pathogenität	Symptome
E. coecicola	Caecum (Blinddarm)	ohne	ohne
E. perforans	Duodenum (Zwölffingerdarm)	schwach	Futterverwertung und Wachstum etwas vermindert
E. media	Jejunum (Leerdarm) Duodenum, Jejunum		
E. irresidua	Duodenum, Jejunum	mittel	Futterverwertung und Wachstum unbefriedigend; Durchfall; wenig Mortalität
E. magna	Ileum (Krummdarm)		
E. piriformis	Colon (Grimmdarm)		
E. intestinalis	Ileum	stark	Futterverwertung und Wachstum stark vermindert; starker Durchfall; erhöhte Mortalität
E. flavescens	Caecum, Colon		
E. stiedai	Leber	schwach	Futterverwertung und Wachstum manchmal etwas vermindert; wenig Mortaliät

Erkrankungen der Verdauungsorgane

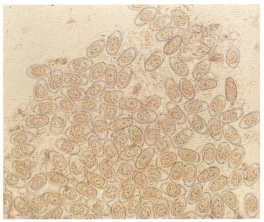

Oben: Darmkokzidiose führt beim Kaninchen zu schweren Durchfällen; bei ungenügender Widerstandsfähigkeit der Tiere können Todesfälle auftreten.

Unten: In einer Kotprobe können die Oozysten bei der Laboruntersuchung nachgewiesen werden.

tung). Diese befruchtete Zelle umgibt sich mit einer zusätzlichen Schutzhülle und wird danach als Dauerform (Oozyste) mit dem Kot ausgeschieden. Um ansteckungsfähig zu werden, muß diese Oozyste außerhalb der Kaninchen bei einer optimalen Temperatur von etwa 30 °C und hoher Luftfeuchtigkeit einen Reifungsprozeß durchlaufen. Die Entwicklungsdauer der Kokzidien im Kaninchen, von der Ansteckung bis zum Ausscheiden der Oozysten mit dem Kot, beträgt je nach Art 9 bis 12 Tage. In dieser Zeit läßt sich der Befall durch eine Kotuntersuchung nicht nachweisen. Die einzelnen Kokzidienarten befallen unterschiedliche Abschnitte des Dünn- oder Dickdarms (siehe Tab. Seite 107).

Die **Ansteckung** erfolgt durch direkte Aufnahme der invasionsfähigen Oozysten mit Futter oder aus der Einstreu, bei der Pflege des Felles und beim Saugen der Jungtiere, wenn das Gesäuge behaftet ist. Es können also auch schon Jungkaninchen im Alter von 14 Tagen bis 3 Wochen an Kokzidiose erkranken.

Symptome: Verdauungsstörungen sind deutliche Zeichen einer Darmkokzidiose, schleimiger Durchfall, aufgeblähter Bauch, manchmal auch Verstopfung wird beobachtet. Die Kaninchen sind apathisch, zeigen Freßunlust, der Kot ist nicht geformt.

Je nach Zahl der aufgenommenen Oozysten, nach Widerstandskraft der Tiere und belastenden Umwelteinflüssen (Klima, Fütterung und Hygiene) kann die Kokzidiose spontan abheilen oder es können vermehrt Todesfälle auftreten. Zwischen Wirtstier und Kokzidien kann sich in vielen Fällen ein Gleichgewicht ausbilden, so daß Tiere von Kokzidien befallen sein können, ohne Krankheitserscheinungen zu zeigen. Wird dieses Gleichgewicht durch Umwelteinflüsse oder innere Einflüsse – z.B. andere Erkrankungen – gestört, so bricht die Kokzidiose mit den genannten Erscheinungen aus.

Durch eine **parasitologische Kotuntersuchung** werden die Kokzidien-Oozysten nachgewiesen.

Verschiedene **Kokzidiostatika** können vom Tierarzt zur Behandlung eingesetzt werden. Wichtig ist die ausreichend lange Behandlungsdauer nach Angaben des Arzneimittelherstellers. Auch vorbeugend können solche Medikamente nach Verschreibung durch den Tierarzt oder als Zusatzstoffe mit dem Futter verabreicht werden. Zur Behandlung über das Trinkwasser eignen sich auch Sulfonamide.

Wichtiger und sinnvoller ist aber die **Vermeidung** oder Verminderung der Ansteckung mit Oozysten. Hierzu muß eine ausreichende **Reinigung der Käfige oder Buchten** mit nachfolgender geeigneter Desinfektion erfolgen. Derzeit haben nur wenige im Handel erhältliche Desinfektionsmittel eine ausreichend geprüfte Wirkung gegen die Dauerformen (Oozysten) der Kokzidien.

> Bitte beachten: Die schwefelkohlenstoffhaltigen Präparate sind leberschädigend und von lebenden Kaninchen deshalb unbedingt fernzuhalten.

Bei Haltung auf Einstreu muß diese regelmäßig gewechselt und erneuert werden. Futter und Trinkgefäße sind auszukochen. Die Desinfektion mit heißem Wasser erfordert Temperaturen über 80 °C.

Es gilt auch bei dieser Erkrankung, die Umgebung der Kaninchen sauber und hygienisch einwandfrei zu gestalten, damit die Tiere eine ausreichende Widerstandskraft gegen den Krankheitserreger aufbauen können. Das ist wesentlich sinnvoller als die Verabreichung von Kokzidiostatika.

Darmrundwürmer (Nematoden)

Verschiedene Wurmarten – Magenwürmer, Dünndarmfadenwürmer, Zwergfadenwürmer, Pfriemenschwänze, Peitschenwürmer – parasitieren im Magen, Dünndarm und Dickdarm der Kaninchen. Besonders bei Haltung auf Einstreu können die Parasiten eine krankmachende Bedeutung haben.

Nach Aufnahme der Wurmeier entwickeln sich im Magen oder Darm die Würmer, die wiederum Wurmeier ausscheiden. Da die Würmer zur Entwicklung keine Zwischenwirte benötigen, können sich die Kaninchen direkt mit den Eiern wieder infizieren; bei Zwergfadenwürmern dringen die Wurmlarven durch die Haut in den Blutkreislauf der Kaninchen ein und gelangen über Lunge, Luftröhre und Rachen in den Darm. Pfriemenschwänze und Peitschenwürmer leben im Dickdarm, Zwergfadenwürmer im Dünndarm.

Nur bei starkem Befall zeigen die Kaninchen **Krankheitserscheinungen** wie Abmagerung und Durchfall, manchmal auch Verstopfung.

Durch **parasitologische Kotuntersuchungen** können, sobald die Würmer geschlechtsreif sind, Wurmeier nachgewiesen werden.

Wurmmittel mit ausreichender Wirkung gegen die unterschiedlichen Wurmarten werden vom Tierarzt verordnet. Ei-

Erkrankungen der Verdauungsorgane

ne gute Haltungshygiene mit regelmäßigem Wechsel der Einstreu oder die Haltung in Käfigen mit Gitterböden verhindern die Wurminfektionen.

Werden die Kaninchen im freien Auslauf oder in Bodenhaltung gehalten, sollte eine regelmäßige parasitologische Kotuntersuchung durchgeführt werden, damit Behandlungsmaßnahmen rechtzeitig eingeleitet werden können.

Bandwürmer

Die beim Kaninchen vorkommenden Bandwürmer leben im Dünndarm der Tiere. Der Befall erfolgt über die Aufnahme von Zwischenwirten; das sind Moosmilben, die im Grünfutter zu finden sind.

Nach der Aufnahme der ansteckungsfähigen Zwischenstadien (Finnen) wächst im Dünndarm innerhalb von 6 Wochen ein je nach Art 40 bis 60 cm langer Bandwurm heran. Der erwachsene Wurm gibt Eier ab, die mit dem Kot ausgeschieden werden. In der Milbe entwickelt sich nach Aufnahme der Eier die ansteckungsfähige Zwischenform.

Symptome: Mit Bandwürmern infizierte Kaninchen zeigen eine Darmschleimhautentzündung und Abmagerung; gelegentlich sind weiße Bandwurmglieder im Kot nachzuweisen.

Eine **parasitologische Kotuntersuchung** schafft Sicherheit über die Art des Parasitenbefalls. **Wurmmittel** mit Wirkung gegen Bandwürmer sind beim Tierarzt zu erhalten. Auf eine Verfütterung von frischem Gras, in dem die Milben enthalten sein können, sollte verzichtet werden. Das gilt besonders dann, wenn zu den Plätzen, von denen Gras gewonnen wird, auch Wildkaninchen oder Hasen Zugang haben, da diese oft Träger von Bandwürmern sind.

Bandwurmfinnen

Kaninchen können auch **Zwischenwirte** für *Taenia pisiformis,* den Hunde- und Katzenbandwurm, sein. Die Zwischenstadien der Bandwurmentwicklung (Finnen) reifen im Kaninchen aus, um dann nach dem Verzehr des Kaninchens durch den Endwirt in diesem zum geschlechtsreifen Bandwurm heranzuwachsen. Die Finnen erscheinen als bis zu haselnußgroße, mit klarer Flüssigkeit gefüllte Cysten. Sie sitzen an der Darmwand, oft an der Leberkapsel, seltener an weiteren Organen.

In der Regel sind bei Kaninchen keine Krankheitserscheinungen durch Finnenbefall festzustellen. Bei der Schlachtung oder der Untersuchung gestorbener Tiere wird der Finnenbefall gelegentlich festgestellt.

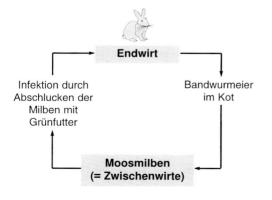

Kreislauf des Kaninchen-Bandwurms. Als Zwischenwirte fungieren winzige Moosmilben in Gras und Heu.

Erkrankungen der Leber

Lebererkrankungen können verschiedene Ursachen haben. Da die Leber eine zentrale Funktion im Stoffwechsel hat, müssen Erkrankungen dieses Organs sehr ernst genommen werden.

Leberverfettung

Eine übermäßige Ablagerung von Fett in den Zellen der Leber führt zu Funktionsstörungen dieses Organs. Bei älteren Kaninchen, die oft einseitig und nur mit Fertigfutter ernährt werden, und nach Aufnahme von Giftstoffen, auch der Toxine von Bakterien, wird eine Größenzunahme und eine gelbliche Farbveränderung der Leber festgestellt. Diese Veränderungen sind meist Zufallsbefunde bei der Schlachtung oder Untersuchung verstorbener Tiere.

Symptome: Nur bei hochgradiger Leberverfettung ist eine Gelbverfärbung (Gelbsucht) der Schleimhäute von Augen und Mundhöhle zu erkennen. Solche Tiere sind apathisch, zeigen Gewichtsverlust und Blutarmut.

Durch eine **Untersuchung** einer Blutprobe des lebenden Tieres kann vom Tierarzt eine Erhöhung der Fettwerte und eine Veränderung der Leberwerte festgestellt werden.

Der Tierarzt wird eine sogenannte **Leberschutztherapie** durchführen. Die Fütterung muß auf einen hohen Rohfaseranteil umgestellt werden.

Vorbeugend ist auf ausgewogene Fütterung mit nicht zu hohem Fettanteil und ausreichendem Rohfaseranteil zu achten.

Leberentzündung

Entzündungen in der Leber in Form von Gewebszerstörung werden meist erst bei der Untersuchung gestorbener Tiere festgestellt. Sie sind die Folge von Allgemeinerkrankungen oder der Gallengangskokzidiose (siehe Seite 112). Im Verlauf von bakteriellen Infektionen mit Streptokokken, Salmonellen, Pasteurellen, Pseudomonaden, *E. coli*, Yersinien und infolge der Tyzzerschen Krankheit ist die Leber oft miterkrankt.

Die **Krankheitserscheinungen** sind nicht spezifisch und richten sich nach der Grunderkrankung. Die Kaninchen sind matt, abgemagert und es treten Todesfälle auf.

Bei einer **Untersuchung** gestorbener Tiere im Untersuchungsamt werden kleinere und größere, weißliche, über die ganze Leber verteilte punkt- oder flächenhafte Gewebsschädigungen festgestellt. Eine Zerstörung von Leberzellen hat diese Veränderungen verursacht. Weitere Laboruntersuchungen klären auf, ob die Krankheitsursache Bakterien,

Erkrankungen der Leber

Parasiten oder Stoffwechselstörungen sind.

Sowohl die **Behandlung** als auch die **Vorbeugemaßnahmen** richten sich nach der Krankheitsursache. Es ist daher in jedem Fall erforderlich, durch die Untersuchung einzelner Tiere die Ursache feststellen zu lassen. Nur bei genauer Kenntnis der Krankheitsursache kann eine effektive Behandlung des Restbestandes erfolgen.

Gallengangskokzidiose

(»Leberkokzidiose«)

Bei der Leberkokzidiose kommt es zur Bildung zahlreicher weißer Knötchen im Lebergewebe.

Die Infektion der Gallengänge mit einer speziellen Kokzidienart *(Eimeria stiedae)* wird in vielen Kaninchenbeständen beobachtet.

Nach der oralen Aufnahme der Dauerformen (Oocysten) gelangen die Parasiten auf dem Blutweg in die Leber und in die Zellen der Gallengänge. Hier vermehren sie sich zuerst ungeschlechtlich, danach geschlechtlich mit der Ausbildung der Dauerformen (Oocysten). Diese gelangen mit der Gallenflüssigkeit in den Dünndarm und von dort mit dem Kot in die Außenwelt.

Die Zeit von der Aufnahme der Oocysten bis zur neuen Ausscheidung dauert ungefähr 15 bis 18 Tage. Bei günstigen Bedingungen (Feuchtigkeit, hohe Temperatur) brauchen die Oocysten außerhalb der Kaninchen nur 2 Tage, um wieder invasionsfähig zu sein. Bei Trockenheit und kühler Temperatur bleiben die Oocysten aber lange Zeit vermehrungsfähig. Die Entwicklung der Gallengangskokzidien unterscheidet sich also nur durch den Befall eines anderen Organs von dem Entwicklungszyklus der Darmkokzidien.

Je nach Ausmaß des Befalls werden in der Leber geringgradige oder hochgradige Veränderungen gesehen. Entsprechend äußert sich die Erkrankung. Bei geringgradigem Befall sieht man keine **Krankheitserscheinungen,** bei hochgradigem Befall ist die Entwicklung der Jungtiere verlangsamt und Abmagerung ist festzustellen. Starker Befall führt nach wenigen Tagen zum Tode. **Untersuchungen** verstorbener Tiere und die parasitologische Kotuntersuchung bestätigen die Krankheitsdiagnose.

Wie bei der Darmkokzidiose können verschiedene Kokzidiostatika oder Sulfonamide zur **Behandlung** eingesetzt werden. Auch die **Vorbeugemaßnahmen** sind genauso wie bei der Darmkokzidiose (siehe Seite 106).

Erkrankungen der Harnorgane

Bei den Erkrankungen der Harnorgane handelt es sich gewöhnlich um bakterielle Infektionen oder um Harnblasensteine.

Nierenerkrankungen

Entzündungen der Nieren oder des Nierenbeckens entstehen als Folge von Allgemeinerkrankungen oder durch aufsteigende Infektionen nach Harnblasenentzündungen.

Allgemeine Infektionen mit Pasteurellen, Streptokokken oder Yersinien können wie andere Organe auch die Nieren angreifen und zur Beeinträchtigung der Harnbildung führen. Auch die Nierenbeckenentzündung ist eine bakterielle Infektion, wobei die Bakterien aufsteigend über Harnröhre, Harnblase und Harnleiter in das Nierenbecken gelangen.

Nur bei genauer Beobachtung und Kenntnis des Verhaltens der Kaninchen können Krankheitserscheinungen gesehen werden: vermehrte Flüssigkeitsaufnahme, verminderter Harnabsatz, Abmagerung. Die Krankheitsursache ist oft erst nach dem Tod der Tiere festzustellen.

Nach Ermittlung einer bakteriellen Allgemeininfektion wird beim Restbestand eine antibiotische **Behandlung** durch den Tierarzt eingeleitet.

Harnblasenentzündung, Harnblasensteine

Entzündungen der Harnblase durch aufsteigende bakterielle Infektionen können zur Bildung von Harnblasensteinen führen.

Bei unsauberer, nasser Einstreu und Unterkühlung steigen Bakterien über die Harnröhre zur Harnblase auf. Durch die entzündlichen Veränderungen entstehen Harngries und Blasensteine.

Eine **Röntgenuntersuchung** und vorsichtiges Abtasten des Bauchraumes lassen Blasensteine erkennen bzw. ertasten.

Symptome: Die Afterregion und die Schenkelinnenflächen sind durch Harnträufeln feucht und die Haut ist gerötet und gereizt. Die Bauchdecke ist gespannt und beim Abtasten ist Schmerzhaftigkeit auslösbar.

Bei entzündlichen Veränderungen ist eine Behandlung mit Antibiotika durch den Tierarzt erforderlich. Harnsteine können operativ entfernt werden.

Die Schaffung einer trockenen und sauberen Umgebung beugt einer aufsteigenden Infektion über die Harnröhre vor.

Erkrankungen der Geschlechtsorgane

Die Erkrankungen der Geschlechtsorgane werden im folgenden zunächst für den Rammler, dann für die Häsin besprochen.

Männliche Geschlechtsorgane

Hoden

Krankhafte Veränderungen am Hoden, die einseitig oder beidseitig auftreten, sind bei den Rammlern seltene Ereignisse.

Bei Kleinhodigkeit ist Hodengewebe nicht zu fühlen. Sind beide Hoden betroffen, sind die Rammler nicht mehr zeugungsfähig, während die Zeugungsfähigkeit erhalten bleibt, wenn nur ein Hoden betroffen ist.

Hodenentzündungen können Folge von Verletzungen und Blutergüssen sein und bei Allgemeinerkrankungen – z.B. Pasteurellose – auftreten.

Weder bei Kleinhodigkeit noch bei Hodenentzündung unbekannter Ursache ist eine Behandlung ratsam.

Penis, Vorhaut

Entzündliche Erkrankungen von Penis und Vorhaut sind meist verletzungsbedingt und durch bakterielle Verunreinigung verursacht. Auch hier wirkt eine trockene, saubere Umgebung vorbeugend.

Verletzungen der Geschlechtsorgane beim Rammler können eine Hodenentzündung nach sich ziehen.

Männliche Geschlechtsorgane

Im Bereich von Penis oder Vorhaut sind Schwellungen, Rötungen, Blutungen oder Verschorfungen festzustellen. Diese Veränderungen verursachen Schmerzen und haben Deckunlust zur Folge.

Verletzungen entstehen in der Regel durch Bißverletzungen bei Rangordnungsauseinandersetzungen unter den Rammlern. Durch eine anschließende Infektion mit Bakterien entsteht eine örtliche Entzündung.

Wunden und Verletzungen werden gesäubert und mit antibiotischen Pudern oder Salben versorgt. Die Einzelhaltung der geschlechtsreifen Rammler verhindert Rangordnungskämpfe und Bißverletzungen.

Kaninchensyphilis

Die Syphilis der Kaninchen ist eine bakterielle Erkrankung *(Treponema cuniculi)* der äußeren männlichen und weiblichen Geschlechtsorgane.

Die zu den Spirochäten zählenden Bakterien sind spiralig aussehende Erreger, die nach Einschleppung in einen Bestand durch den Deckakt übertragen werden. Ausgangspunkt der Ansteckung kann eine Häsin oder ein Rammler sein. Der Rammler bringt die Erkrankung mit oder er steckt sich bei einer infizierten Häsin an. In jedem Fall sorgt er durch den Deckakt für die weitere Verbreitung der Erkrankung im Bestand mit allerdings meist gutartigem Verlauf, so daß das Vorkommen der Kaninchensyphilis in manchen Beständen ohne weiteres oft längere Zeit nicht erkannt wird.

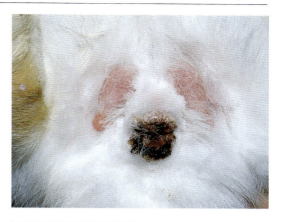

Verschorfungen und Knötchenbildung im Bereich von After und Vorhaut beim Rammler sind Symptome der Syphilis.
Beim weiblichen Kaninchen treten die syphilitischen Veränderungen an der Scheide und am After auf.

Symptome: Die Haut im Bereich der Vorhaut bei den männlichen Tieren und der Scheide bei den weiblichen Tieren sowie der After weisen Verschorfungen und Knötchenbildungen auf. Durch Kontakt beim Beschnuppern können die Krankheitserreger auch auf die äußere Haut des Mund- und Naseneingangs und von hier auf die Augenlider übertragen werden. Die typischen Krank-

Erkrankungen der Geschlechtsorgane

heitszeichen und der Nachweis der Bakterien sichern die Diagnose.

Zur **Behandlung** wird in Abständen von mehreren Tagen wiederholt mehrmals Penicillin vom Tierarzt injiziert. Eine örtliche Behandlung der Verschorfungen und Knötchenbildungen mit penicillinhaltigen Pudern oder Salben unterstützt die Heilung. Zugekaufte Tiere müssen in der Quarantäne sorgfältig auf das Vorliegen der Krankheitszeichen der Kaninchensyphilis untersucht werden. Erkrankte Tiere müssen behandelt werden und dürfen erst ungefähr drei Wochen nach vollständiger Abheilung der Erkrankung wieder zur Zucht eingesetzt werden.

Der Erreger der Kaninchensyphilis ist streng wirtsspezifisch und auch nicht auf den Menschen übertragbar.

Schwere Gebärmutterentzündung mit eitrigem Ausfluß.

Weibliche Geschlechtsorgane

Die weiblichen Geschlechtsorgane sind beim Kaninchen anfällig für Entzündungen. Da dies oft nur zu geringfügigen Symptomen führt, werden solche Infektionen oft nicht bemerkt.

Gebärmutterentzündung

Die Entzündung der Gebärmutter im Zusammenhang mit einer Trächtigkeit ist eine häufig auftretende und damit die wichtigste Erkrankung der weiblichen Geschlechtsorgane.

Abgestorbene Früchte werden bis etwa zweieinhalb Wochen nach dem Decken nicht abgestoßen, sondern bleiben in der Gebärmutter, trocknen ein oder lösen sich auf bis auf die schon ausgebildeten Knochen. Der Fruchttod kann durch Bakterien verursacht werden. Häufig ist die Ursache aber nicht bekannt. Die Häsinnen zeigen keine typischen **Krankheitserscheinungen,** sind aber nicht mehr paarungsbereit. Bei bakterieller Beteiligung sterben die Häsinnen infolge der eitrigen Entzündung.

Frühgeburten als Folge allgemeiner bakterieller Erkrankungen (*Pasteurella, E. coli*, Salmonellen, Yersinien) in der zweiten Hälfte der Trächtigkeit zeigen sich neben dem Absetzen der Früchte durch einen eitrigen Scheidenausfluß. Die Häsinnen sterben oft kurz nach der Frühgeburt. Wird eine Frühgeburt durch Schläge oder Stöße verursacht, sieht man einen mehr blutigen Scheidenausfluß. Die Häsin erholt sich in diesem Fall sehr schnell wieder.

Eine weitere Form der Gebärmutterentzündung entsteht nach der normalen Geburt durch über den Geburtsweg in die Gebärmutter aufsteigende Bakterien. Die Häsinnen geben wenig Milch, zeigen eitrigen Scheidenausfluß, fressen wenig und sterben an der Entzündung.

Behandlung: Gebärmutterentzündungen durch Fruchttod und Frühgeburt, deren Ursache bakterieller Natur sind, können mit Antibiotika behandelt werden. Auch die nach der Geburt sich entwickelnden Gebärmutterentzündungen werden vom Tierarzt mit Antibiotika, auch durch Eingabe in die Gebärmutter, behandelt.

Vorbeugend ist es notwendig, während der Trächtigkeit und Geburt optimale Haltungs- und Fütterungsbedingungen zu gewährleisten. Bakterielle Bestandserkrankungen müssen schnell erkannt und entsprechend behandelt werden.

Entzündungen und Verletzungen des Gesäuges

Entzündungen der Milchdrüse (Mastitis) sind bei säugenden Häsinnen als Einzeltiererkrankung immer wieder zu beobachten. Es können die gesamte Milchleiste oder nur einzelne Abschnitte entzündet sein.

Die Gesäugeentzündung wird immer durch Bakterien (z.B. Staphylokokken, Pasteurellen) verursacht. Die Entstehung der Infektion wird durch verschmutzte Stallungen gefördert. Scharfe oder vorstehende Kanten am Einstieg zu den Nistkästen führen zu Gesäugeverletzungen, die sich nach Eindringen von Bakterien entzünden.

Symptome: Die erkrankten Häsinnen versorgen die Jungtiere nicht ausreichend und zeigen eine schmerzhafte Schwellung und Rötung der Milchleiste. Milch ist nicht mehr vorhanden. Sind einzelne Drüsenabschnitte betroffen, so ist eine Knoten- oder Abszeßbildung festzustellen. Die Jungtiere sterben infolge Milchmangel.

Behandlung: Nach Resistenzprüfung im Labor werden wiederholt geeignete Antibiotika injiziert. Die säugenden Jungtiere müssen künstlich aufgezogen oder auf andere Häsinnen verteilt werden. Bei Vorliegen bakterieller Bestandserkrankungen müssen diese bekämpft werden. Sauberkeit in Käfigen, Buchten und Nistkästen vermindert den Keimdruck im Stall.

Fruchtbarkeit, Trächtigkeit, Geburt

Dieser Komplex ist vor allem für den Züchter von großer Bedeutung. Hier spielen ein gutes Stallklima, richtige Fütterung und artgerechte Haltung eine wichtige Rolle, denn je wohler die Kaninchen sich fühlen, desto seltener treten Störungen im Bereich der Fruchtbarkeit und der Geburt auf.

Störungen der Fruchtbarkeit

Unfruchtbarkeit bei weiblichen Tieren

Verschiedene Ursachen können bei den Häsinnen zu einer dauerhaften oder vorübergehenden Unfruchtbarkeit führen.
Die folgenden **Krankheitserscheinungen** lassen sich beobachten:
- trotz wiederholter Paarung in der Brunst nimmt die Häsin nicht auf;
- die Häsin nimmt den Rammler nicht an und zeigt keine Brunst;
- fehlende Aufnahme trotz wiederholter Paarung, Vorliegen einer Dauerbrunst.

Verschiedene **Ursachen** sind für die Entstehung der genannten Erscheinungen verantwortlich:
a) bakterielle Erkrankungen: Pasteurellose, Salmonellose, Kaninchensyphilis, eitrige Gebärmutterentzündung
b) hormonelle Störungen: Hitze, Kälte, Ernährungszustand (Verfettung) und Psyche wirken auf die Hormonsteuerung in der Hirnanhangdrüse, den Eierstöcken und Nebennieren
c) Mangelzustände: infolge unzureichender Zufuhr von Mineralstoffen, Vitaminen und Spurenelementen über das Futter kommt es zu Mangelzuständen.

Eine erfolgreiche **Behandlung** kann nur nach einer gesicherten Diagnose durchgeführt werden. Mangelzustände können durch die Überprüfung der Fütterung erkannt und behandelt werden. Entzündliche bakterielle Allgemein- und Gebärmuttererkrankungen lassen sich durch antibiotische Behandlungsmaßnahmen heilen. Die Erkennung hormoneller Störungen ist dagegen schwierig.

Oft ist das Auslassen eines Decktermines und das Abwarten bis zur nächsten Brunst hilfreich. Nimmt die Häsin auch dann nicht auf, kann mit einer Hormonbehandlung durch den Tierarzt ein Eisprung ausgelöst werden. Weitere hormonelle Behandlungsmaßnahmen sollten nicht versucht werden. Solche Häsinnen sollten von der Zucht ausgeschlossen werden, da dann auch eine erblich bedingte Veranlagung beteiligt sein kann.

Störungen der Trächtigkeit

Unfruchtbarkeit bei männlichen Tieren

Unfruchtbarkeit der Rammler drückt sich in mangelnder oder zögerlicher Paarungsbereitschaft aus.

Bei den Rammlern sind bakterielle Allgemein- und Organerkrankungen wie Pasteurellose, Salmonellose, Kaninchensyphilis sowie Hodenveränderungen, Überbeanspruchung und Mangelerkrankungen als Ursache fehlender Paarungsbereitschaft anzusehen.

Symptome: Die Rammler zeigen kein Interesse an brünstigen Häsinnen, sie verhalten sich teilnahmslos und führen den Deckakt nicht aus.

Behandlung: Bakterielle Allgemein- und Organerkrankungen werden antibiotisch behandelt. Mangelzustände müssen beseitigt werden. Veränderungen am Hoden müssen nach Art und Ursache erkannt werden; gegebenenfalls ist eine weitere Verwendung der Rammler für die Zucht nicht mehr möglich.

Störungen der Trächtigkeit

Fruchttod, Fehlgeburten

Ein Absterben der Früchte in der Gebärmutter ohne Abgabe der Früchte nach außen wird als **Fruchttod** bezeichnet (bis etwa zweieinhalb Wochen nach der Befruchtung). Bei Frühgeburten (etwa letztes Drittel der Trächtigkeit) werden die abgestorbenen Früchte abgesetzt. Auf Seite 116 sind unter dem Kapitel »Gebärmutterentzündung« beide Krankheitsbilder mit den Folgeerscheinungen beschrieben.

Trächtigkeitsvergiftung und Kalziummangel der Häsinnen

Die Trächtigkeitstoxikose wird in der letzten Phase der Trächtigkeit festgestellt. Der akute Kalziummangel (Eklampsie) zeigt sich bei säugenden Häsinnen kurz nach der Geburt.

Die **Trächtigkeitstoxikose** entsteht meist als Folge einer Leberverfettung, wobei die Entstehung giftiger Stoffwechselprodukte die Leberverfettung weiter fördert. Die betroffenen Tiere sind wenige Tage vor der Geburt matt und apathisch und verenden kurz nach Auftreten der Krankheitserscheinungen. Bei der Untersuchung der toten Häsinnen ist die Leberverfettung deutlich erkennbar.

Kalziummangel im Blut der säugenden Häsinnen entwickelt sich durch die vermehrte Abgabe des Kalzium mit der Milch und einer gleichzeitigen unzureichenden Versorgung mit Kalziumsalzen über das Futter.

Ungefähr eine Woche nach der Geburt stellt sich insbesondere bei Häsinnen mit vielen Jungtieren und guter Milchleistung die Erkrankung ein. Die Häsinnen fressen nicht mehr, sie sind apathisch und sterben an Kreislaufversagen.

Bei beiden Erkrankungen kommt eine **Behandlung** in der Regel zu spät. Eine Stützung des Kreislaufs und Injektionen (Infusionen) mit Kalzium-Magnesium-Lösungen sind angebracht; sie werden vom Tierarzt durchgeführt.

Vorbeugend ist bei tragenden Häsinnen auf die ausreichende Versorgung mit Mineralstoffen im Futter oder über Lecksteine zu achten. Ein bedarfsgerechter Rohfasergehalt mit vermindertem Ei-

Fruchtbarkeit, Trächtigkeit, Geburt

weißgehalt im Futter kann die Entstehung der Leberverfettung weitgehend verhindern.

Scheinträchtigkeit

Häsinnen zeigen das Verhalten eines tragenden Tieres, ohne daß sich Früchte in der Gebärmutter entwickeln. Die Häsin ist leer geblieben

Dieser Zustand tritt ein, wenn die brünstige Häsin nach dem Eisprung keinen Samen erhalten hat. Der Eisprung wurde dann durch das Bespringen durch andere Häsinnen oder durch einen unfruchtbaren Rammler ausgelöst. Die Häsinnen lassen sich nicht erneut decken, da sich aus den geplatzten Follikeln der Gelbkörper entwickelt hat, der das Schwangerschaftsschutzhormon Progesteron bildet. Die Milchdrüse entwickelt sich, und der Zustand der Scheinträchtigkeit dauert ungefähr zweieinhalb Wochen. Durch Abtasten kann man erkennen, daß die Häsin leer geblieben ist.

Vorbeugung: Die Häsinnen sollten einzeln gehalten werden, um das Bespringen untereinander und damit das Auslösen des Eisprungs zu verhindern. Erst nach drei Wochen kann die Häsin wieder erfolgreich belegt werden.

Störungen der Geburt

Hier kann unterschieden werden zwischen Störungen, die durch die Häsin verursacht werden, und anderen Störungen, die von den Jungtieren ausgelöst werden.

Häsin

Tragende Häsinnen treffen ein bis zwei Tage vor der Geburt ihre Vorbereitungen. Die Jungtiere brauchen einen geschützten und warmen Platz. Ein Wurfkasten ist hierzu bestens geeignet. Ungefähr 4 bis 7 Tage vor dem Geburtstermin wird der Wurfkasten der Häsin zugänglich gemacht. Im Wurfkasten ist trockene Einstreu (Heu, Sägespäne) vorhanden.

Die Häsin rupft sich locker sitzende Wolle von Bauch und Flanken aus. Sie baut und polstert damit zusätzlich das Nest. In den nächsten zwölf Stunden ist die Geburt zu erwarten.

Wehenschwäche

Ein nicht ausreichendes Zusammenziehen der Gebärmutter führt zur Geburt nur eines Teiles der Früchte. Eine sehr große Zahl von Früchten in der Gebärmutter, kräftezehrende Allgemeinerkrankungen, aber auch eine Verfettung der Häsin können Ursachen der Wehenschwäche sein. Massage der Bauchdecken, gegebenenfalls kombiniert mit einer Hormonbehandlung (Wehenmittel) durch den Tierarzt, kann den Geburtsvorgang unterstützen. Weitere Geburtshilfemaßnahmen sind vom Tierarzt durchzuführen.

Enge des Geburtsweges

Werden Häsinnen zu früh oder von zu großen Rammlern belegt, ist der Geburtsweg im Verhältnis zur Größe der Früchte zu eng. Auch schlecht geheilte Beckenbrüche können den Geburtsweg einengen.

Störungen der Geburt

Bei der Geburt bleiben Früchte im Geburtsweg stecken und können nur mit Hilfe des Tierarztes herausgeholt werden. Die Durchführung der Geburtshilfe ist schwierig und meist erfolglos.

Jungtiere

Manchmal sind Störungen der Geburt auch auf die Jungtiere zurückzuführen.

Wurfgröße

Bei zahlenmäßig kleinen Würfen werden die vorhandenen Früchte relativ groß und können den Geburtsweg nicht passieren. Eine Geburtshilfe kann versucht werden.

Lageveränderungen

Auch Lageveränderungen der Früchte führen zum Steckenbleiben im Geburtsweg und zum Stillstand des Geburtsvorganges. Die ersten Jungtiere können dabei durchaus ohne Komplikationen geboren worden sein. Die Diagnose solcher Lageveränderungen kann nur durch den Tierarzt mit Hilfe weiterführender Untersuchungen gestellt werden.

Verdrehungen der Gebärmutter, Verletzungen des Geburtsweges

Aufgrund der Größe der beiden Gebärmutterhörner, bei vermehrter Unruhe der tragenden Häsinnen und bei großen Würfen kann es vorkommen, daß die Gebärmutter oder einzelne Abschnitte mit Früchten sich verdrehen. Es entsteht ein akuter Blutstau mit Blutungen in die Gebärmutter und Fruchttod. Wie bei Verletzungen des Geburtsweges durch Zerreißung der Schleimhaut kann Blut aus der Scheide austreten.

Diagnose und Behandlungsmaßnahmen solcher Veränderungen kommen fast immer zu spät.

Krankheiten der Jungtiere

Gleich nach der Geburt werden die Jungtiere abgeleckt, die Nachgeburt und die Nabelschnur bis auf wenige Zentimeter abgefressen. Die Jungtiere sind Nesthocker mit geschlossenen Augen und ohne Körperbehaarung. Nach 8 bis 12 Tagen werden die Augen geöffnet. Während dieser ersten Phase orientieren sich die Jungtiere durch den Temperatur- und Tastsinn. Sie finden durch pendelnde Kopfbewegungen das Gesäuge der Häsin. Die Abkühlung abseits des Nestes sorgt dafür, daß die Jungtiere im Nest zusammen bleiben. Im Alter von ungefähr zwei Wochen ist die volle Seh-, Hör- und Riechfähigkeit ausgebildet.

Wichtig für die Jungtieraufzucht ist das **artgerechte Verhalten** des Muttertieres. Interesselosigkeit, Ablehnung oder Aggression und ungeschickte Pflege stellen die erfolgreiche Aufzucht in Frage.

Die Prägung der Jungkaninchen auf die Häsin beginnt erst, wenn die Augen geöffnet sind. Andererseits können auch die Häsinnen ihre Jungtiere nicht individuell erkennen. So ist es möglich, Jungtiere mit geschlossenen Augen und ungefähr gleichem Alter komplikationslos anderen Häsinnen zur Adoption ins Nest zu legen.

Die **Säugezeit** beträgt etwa 4 bis 5 Wochen. Nach der halben Säugezeit sollte die Einstreu im Wurfkasten gewechselt und die Haarreste entfernt werden. Im Alter von 16 bis 18 Tagen verlassen die Jungtiere zeitweise den Nestkasten und bewegen sich im Abteil der Häsin. Ab dem 18. Lebenstag kann den Jungtieren auch Fertigfutter angeboten werden.

Im Alter von 4 bis 6 Wochen werden sie abgesetzt. Jungrammler sollten ab der 12. Lebenswoche einzeln gehalten werden, um Rangordnungskämpfe und Bißverletzungen zu vermeiden. Auch ein optimales Stallklima trägt zur Vermeidung von Jungtierverletzungen bei:

> Temperatur im Wurfstall:
> 20 °C (nicht unter 15 °C)
> Temperatur im Nest:
> 30 bis 35 °C (eigene Körperwärme)

In den ersten drei Lebenstagen führt bereits eine kurzfristige, geringgradige Unterkühlung der Jungtiere zum Tod. Erst nach dem 16. Lebenstag hat sich ihr schützendes Haarkleid ausgebildet.

Jungtierverluste werden durch verschiedene Faktoren hervorgerufen. Dazu zählen:
– niedriges Geburtsgewicht,
– geringe Milchmenge,
– mangelhafte Nestbeschaffenheit und

– ungenügende Betreuung durch das Personal in größeren Haltungen.

In der Regel liegen die Jungtierverluste bei 20 bis 30 %, wobei die meisten Todesfälle in den ersten fünf Lebenstagen aufgrund von Unterkühlung und Milchmangel auftreten.

Mangelhafte Pflege und Unterkühlung

Besonders Häsinnen, die zum ersten Mal werfen, zeigen häufig eine **gestörte Brutpflege**. Die Häsinnen sind unruhig und nervös, sie treten und verletzen dabei ihre Jungtiere. Das Verhalten der Muttertiere gegenüber der Nachzucht ist angeboren. Häsinnen, die sich auch beim zweiten Wurf ungeschickt verhalten, sollten von der Zucht ausgeschlossen werden.

Ein weiterer Grund für mangelnde Pflege ist die bei Häsinnen am zweiten und dritten Tag nach der Geburt einsetzende erneute Brunst. Durch Unruhe der Häsinnen können an diesen Tagen vermehrt Verluste bei den Jungtieren auftreten. Eine Abtrennung zwischen Häsin und Wurf mit einem nur einmaligen täglichen Zugang zum Saugen verhindert größere Ausfälle.

Unterkühlung, die beim Verlassen des wärmenden Nestes sehr rasch auftritt, wird besonders in den ersten Lebenstagen oft festgestellt. Jungtiere, die das schützende Nest verlassen haben, werden von der Häsin nicht zurückgetragen. Unterkühlten Jungtieren kann mit Wärmestrahlern die fehlende Wärme zugeführt werden.

Milchmangel

Mindestens einmal täglich muß die Häsin ihre Jungtiere säugen lassen. Die Säugezeit soll ungefähr 5 bis 10 Minuten betragen. Meistens werden die Jungtiere morgens gesäugt.

Ein Milchmangel der Häsin zeigt sich bei den Jungtieren bereits in den ersten Lebenstagen: Die Tiere sind unterernährt, sie liegen anfangs unruhig, später apathisch im Nest und fühlen sich ausgetrocknet an. Durch regelmäßige Kontrolle des Wurfes in den ersten Lebenstagen ist der Milchmangel frühzeitig erkennbar. Die Jungtiere können gegebenenfalls auf andere Häsinnen verteilt werden (Adoption).

Kannibalismus

Bei Kannibalismus frißt die Häsin alle oder einen Teil ihrer Jungtiere, oder es werden Ohren, Gliedmaßen oder Schwänze abgebissen. Unterschieden werden muß zwischen dem Auffressen totgeborener Jungtiere als Form von Nesthygiene und dem eigentlichen Kannibalismus. Die Ursache dieser Verhaltensstörung ist nicht vollständig geklärt. Kannibalismus wird häufiger bei Junghäsinnen als bei Häsinnen mit mehreren Geburten festgestellt.

Durch Schaffung optimaler Haltungs- und Fütterungsbedingungen lassen sich Störfaktoren vermeiden, die Anlaß zu Kannibalismus sein könnten. Häsinnen, bei denen wiederholt Kannibalismus beobachtet wurde, sind von der Zucht auszuschließen.

Futter- und Trinkwassermedikation bei Kaninchen (nach LÖLIGER 1986, verändert)

Indikation	Altersgruppe	Wirkstoff und Dosierung		
Kokzidiose				
– Darmkokzidiose	3–10 Wochen	a) Prophylaxe (Kokzidiostatika)		
– Gallengangs-	ab 7 Wochen	Amprolium	125 ppm/Alleinfutter	
kokzidiose		Coyden	125 ppm	
		Lerbek	110 ppm	
		Monensin	120 ppm	
		Robenidin	60 ppm	
		Salinomycin	50 ppm	
		b) Therapie – rezeptpflichtig		
		Sulfamerazin	0,02 % Trinkwasser	
		Sulfaquinoxalin	0,05 % Trinkwasser	
		Sulfaquinoxalin	0,03 % Futter	
Darmentzündungen				
– Coli-Dysenterie	6–10 Wochen	Prophylaxe/Therapie – rezeptpflichtig		
– Enterotoxämie		Chlortetracyclin	30–50	mg/kg KG
– Tyzzersche		(Aureomycin 100)		
Krankheit		Chlortetracyclin	30	mg/kg KG
		+ Sulfadimidin	+ 30	mg/kg KG
		(Aurea S 700)		
		Gentamycin	5	mg/kg KG
		Spectinomycin	50–60	mg/kg KG
		Streptomycin	30–40	mg/kg KG
		Altabactine	0,5	mg/kg KG
		Neoamfo	1–2	ml/ kg KG
		Sulfadimidin	80	mg/kg KG
		+ Trimethoprim	+ 10	mg/kg KG
		(Vetoprim)		
Infektionskrankheiten				
– Listeriose	alle			
– Pasteurellose		Tetracyclin	50	mg/kg KG
(Bestandsenzootie)		Erythromycin	15	mg/kg KG
– Pseudotuberkulose	alle			
(Bestandsenzootie)		Tetracyclin	50	mg/kg KG
		Streptomycin	30	mg/kg KG
Wurmbefall				
– Nematoden		Anthelminthika		
		Citarin L	0,2	ml/ kg KG
		Panacur	0,75	mg/kg KG
		Piperazin-Citrat	100–200	mg/kg KG
		Thibendazole	100–200	mg/kg KG
– Nematoden, Cestoden,		Valbazen 10 %	7,5	mg/kg KG
Trematoden		Albendazol	7,5	mg/kg KG

Beim Kaninchen nicht zur peroralen Futter- und Trinkwassermedikation geeignet:
Penicillin, Ampicillin, Cephalexin, Tylosin, Lincomycin.

Zoonosen

Wie von den meisten Tieren können auch vom Kaninchen bestimmte Erreger auf den Menschen übergehen. Im einzelnen sind dies:
- *Aujeszkysche Krankheit,*
- *Francisella tularensis,*
- *Listeria monocytogenes,*
- *Microsporum* spec. (Dermatophyten, Hautpilz),
- *Mycobacterium bovis,*
- *Mycobacterium avium,*
- *Pasteurella multocida,*
- *Salmonella typhi-murium, Salmonella enteritidis,*
- *Yersinia pseudotuberculosis.*

Eine gute Stallhygiene ist deshalb nicht nur im Interesse der Gesundheit der Kaninchen wichtig, sondern auch, um eine Übertragung bestimmter Krankheitserreger auf den Menschen zu verhindern.

> Nach jedem Kontakt mit den Tieren sollte man deshalb die Hände mit warmem Wasser und Seife reinigen.

Sollte einer der oben aufgeführten Erreger im Kaninchenbestand auftreten, so sind zusätzliche Vorsichtsmaßnahmen wie das Tragen von Mundschutz und Gummihandschuhen anzuraten.

Gesetzliche Bestimmungen und Einsendung von Untersuchungsmaterial

Jeder Kaninchenhalter sollte die wichtigsten gesetzlichen Bestimmungen kennen, soweit sie seine Tiere betreffen. Hier werden die wichtigsten Vorschriften und Gesetze kurz zusammengefaßt.

Anzeigepflichtige Tierkrankheiten

Aufgrund des § 10 des Tierseuchengesetzes gibt es eine Rechtsverordnung, in der die anzeigepflichtigen Tierseuchen aufgeführt sind. Die Verordnung ist Grundlage für die staatliche Bekämpfung von Tierseuchen. Die tierseuchenrechtlichen Bestimmungen sollen eine Seucheneinschleppung verhindern und nach Seuchenausbruch eine schnelle Seuchentilgung herbeiführen.

Eine Tierseuche muß nach **Ausbruch** oder bei bestehendem **Seuchenverdacht** der Ortspolizeibehörde oder dem zuständigen Veterinäramt angezeigt werden.

Zur Anzeige verpflichtet sind Tierbesitzer und Tierhalter oder deren Vertreter, praktische Tierärzte, Tierärzte in Untersuchungslabors, Fleischbeschautierärzte und andere Personen, die berufsmäßig mit Tieren umgehen, wie z.B. auch Fleischkontrolleure. Anzeigepflichtig sind beim Kaninchen wie bei allen Tieren **Tollwut** und **Aujeszkysche Krankheit**. Die hämorrhagische Krankheit der Hauskaninchen (**RHD**) war bis April 1995 anzeigepflichtig (siehe S. 64). Meldepflichtig für Tierärzte und Untersuchungsinstitute, ohne nachfolgendes Eingreifen des Staates, sind die beim Kaninchen vorkommenden Säugerpocken und Tularämie.

Tierschutzgesetz

In § 62 des Tierschutzgesetzes ist eine artgerechte Haltung, Unterbringung, Fütterung und Betreuung von Tieren gesetzlich gefordert (siehe auch Seite 37).

Die Veterinärbehörden sind zuständig für die Überwachung der tierschutzgerechten Haltung der Hauskaninchen. Für die Haltung von Kaninchen sind von der Kommission aus Vertretern der deutschen Gruppe der **W**orld **R**abbit **S**cience **A**ssociation (WRSA), der landwirtschaftlichen Kaninchenproduktion und der Rassekaninchenhaltung sowie von Fachwissenschaftlern Empfehlungen erarbeitet worden. Diese Empfehlungen enthalten Hinweise zur Tierbetreuung und Unterbringung, um eine kaninchengerechte und tierschutzkonforme Haltung zu gewährleisten. Zuchtorganisationen, Tiergesundheitsdienste und Veterinärbehörden geben Auskünfte.

Im Tierschutzgesetz ist außerdem die Betäubung von Kaninchen zur Schlachtung geregelt. Schlachten wird vom Gesetzgeber definiert als »Töten durch Blutentzug«. Zum Schlachten ist eine vorherige Betäubung nach § 4 des Tierschutzgesetzes vorgeschrieben: Diese Betäubung kann erfolgen durch Genickschlag, Kohlendioxid, elektrischen Strom oder mit Hilfe eines Bolzenschußgerätes.

Fleischhygienegesetz

Das Fleischhygienerecht findet Anwendung bei der gewerblichen Schlachtung von Kaninchen. Das Gesetz regelt alle mit der Schlachtung im Zusammenhang stehenden notwendigen Arbeitsabläufe, einschließlich der Einrichtung und Ausstattung der Schlachträume wie auch der Personalhygiene.

Kaninchenhalter, die ihre Tiere für den eigenen Bedarf schlachten, müssen diese Schlachtverordnungen nicht berücksichtigen. Trotzdem sollte bei der Schlachtung besonderer Wert auf die Hygiene gelegt werden.

Tierkörperbeseitigungsgesetz

Dieses Gesetz regelt die Beseitigung gestorbener Tiere und der Teile von Tierkörpern.

Der Gesetzgeber hat private Tierkörperbeseitigungsanstalten mit der Wahrnehmung der Beseitigung beauftragt. Für den Kaninchenhalter ist es wichtig zu wissen, daß er einzelne Tierkörper auf seinem Privatgrundstück vergraben darf, nicht jedoch in Wasserschutzgebieten. Der Tierkörper muß mit mindestens 50 cm Erde bedeckt werden. In bestimmten Städten stehen dem allerdings örtliche Polizeiverordnungen gegenüber.

Verenden im Bestand mehrere oder viele Kaninchen, werden die toten Tiere von der zuständigen Tierkörperbeseitigungsanstalt abgeholt. In der Regel ist hierfür eine Gebühr zu zahlen.

Einsendung von Untersuchungsmaterial

Zur Krankheitsvorbeuge und zur rechtzeitigen Krankheitserkennung (Diagnose) sollten in regelmäßigen Abständen Untersuchungen von Kotproben und Nasentupferproben durchgeführt werden. Bei Todesfällen ist es ratsam, ganze Tierkörper untersuchen zu lassen.

Am besten ist es, das Untersuchungsmaterial selbst in das nächstgelegene Untersuchungsamt zu bringen. Lange Transportzeiten beeinträchtigen durch fortschreitende Verwesung, insbesondere bei Tierkörpern, die Durchführung der Untersuchung im Untersuchungsamt. Außerdem lassen sich bei der persönlichen Überbringung einzelne Angaben zu den Krankheitserscheinungen machen, die für die Untersuchung wichtig sind.

Ist eine persönliche Überbringung nicht möglich, muß auf die sorgfältige Verpackung und auf den schnellstmöglichen Transport besonderer Wert gelegt werden.

Kotproben (zum Nachweis von Parasiteneiern und Darmbakterien): Frisch-

Einsendung von Untersuchungsmaterial

proben ohne Einstreu entnehmen, ungefähr 10 g; Versand in Kunststoffgefäßen oder undurchlässigen Plastiktüten.

Nasentupferproben (zum Nachweis von Schnupfenerregern): Frisch genommene Proben sollten am besten im sogenannten »Transportmedium« verschickt werden. Ein entsprechendes Entnahme- und Transportsystem kann vom Tierarzt oder Untersuchungsamt bezogen werden.

Hautgeschabsel (zum Nachweis von Bakterien, Pilzen, Hautparasiten): Das Geschabsel ist vom Rand der Veränderung mit einem scharfen Gegenstand (Skalpellklinge, scharfer Löffel) zu entnehmen. In einem sterilen, trockenen Plastikgefäß wird das Geschabsel verschickt.

Tierkörper, Tierkörperteile, Organe (zur Feststellung der Krankheits- und Todesursache): Alle Tierkörper, Tierkörperteile und Organe müssen von gerade gestorbenen Tieren stammen. Tierkörper, die schon längere Zeit im Stall gelegen haben, oder eröffnete Tierkörper sind für eine Untersuchung nicht geeignet. Die Verpackung darf keine Flüssigkeit durchlassen, sollte andererseits aber nicht luftdicht abschließen, da das zu fortschreitender Verwesung führt. Wichtig ist: Auskühlen (nicht Einfrieren) der

Verschiedene Versandgefäße für Probenmaterial.

Tierkörper, Einschlagen in Zeitungspapier, Umgeben mit wasserdichten Plastikbeuteln und Versand mit Kühlmitteln, z.B. sogenannten Kühlakkus.

Liegt eine Bestandserkrankung vor, so sind mehrere Tierkörper zur Untersuchung zu schicken, denn bei einem Einzeltier kann eine zufällige Einzelerkrankung über das Vorkommnis im Gesamtbestand hinwegtäuschen.

Dem Probenmaterial muß immer ein kurzes Begleitschreiben beiliegen. Eine Verunreinigung des Begleitschreibens durch das Probenmaterial muß ausgeschlossen werden!

Im Anschreiben sollten unbedingt angegeben werden:
- Name und Anschrift des Einsenders sowie Telefonnummer
- behandelnder Tierarzt
- Tierart, Rasse (bei Kotproben, Hautgeschabsel, Tupferproben), Bestandsgröße
- Krankheitserscheinungen, Zahl der erkrankten/gestorbenen Tiere
- bisherige Behandlungsmaßnahmen inklusive deren Dauer
- Fütterung, Haltungsform

Desinfektionsmittel

Gebrauchskonzentrationen und Einwirkzeiten von Desinfektionsmitteln an einigen Beispielen aus der 7. Desinfektionsmittelliste der Deutschen Veterinärmedizinischen Gesellschaft (DVG) für die Tierhaltung
Mindesteinwirkzeit in Stunden (h) bei Ausbringung von 0,4 l Gebrauchslösung pro m² Oberfläche, Anwendungskonzentration in Volumenprozent (% vol)

Name	Hersteller/ Vertreiber*	Wirkstoffe	Gebrauchskonzentration und Mindesteinwirkzeit							
			Bakterizide		Tuberkulozidie	Fungizidie	Viruzide		Antiparasitäre Wirkung
			spezielle Desinfektion	vorbeugende Desinfektion			viruzid	begrenzt viruzid	
1	2	3	4a	4b	5	6	7a	7b	8
Chevi 45	*chevita GmbH Raiffeisenstr. 2 D-85276 Pfaffenhofen	Aldehyde, Quat. Ammoniumverbindungen, Alkohole	2% 2 h	1% 1 h		2% 4 h	2% 4 h	2% 1 h	
Chevi 75	*chevita GmbH Raiffeisenstr. 2 D-85276 Pfaffenhofen	Phenole, Alkohol, Perchlorethylen							5 % 2,5 h
Lysovet PA	Schülke & Mayr GmbH Robert-Koch-Str. 2 D-22840 Norderstedt	Aldehyde, Phenole, Alkohole	2% 3 h	1% 2 h	3% 6 h	2% 3 h	2% 4 h	1% 1 h	
Lysovet V 1	Schülke & Mayr GmbH Robert-Koch-Str. 2 D-22840 Norderstedt	Aldehyde	1% 2 h	1% 1 h		1% 4 h	1% 2 h	1% 1 h	
M & ENNO-VETERINÄR A	MENNO-CHEMIE-VERTRIEBS-GmbH Langer Kamp 104 D-22850 Norderstedt	versch. Aldehyde	2% 2 h oder 1,5% 4 h	1% 2 h		2% 1 h oder 1,5% 2 h	2% 2 h oder 1,5% 4 h	1% 0,5 h	
M & ENNO-VETERINÄR B	MENNO-CHEMIE-VERTRIEBS-GmbH Langer Kamp 104 D-22850 Norderstedt	versch. Aldehyde	1% 4 h	1% 1 h		1% 4 h	1% 2 h	1% 1 h	

Desinfektionsmittel

Produkt	Hersteller	Wirkstoffe	Spalte 4a	Spalte 4b	Spalte 5	Spalte 6	Spalte 7a	Spalte 7b	Spalte 8
Orbivet	Schülke & Mayr GmbH, Robert-Koch-Str. 2, D-22840 Norderstedt	Aldehyde, Alkohole	2% 2h oder 1% 4h	1% 1h	2% 2h	1% 3h oder 2% 2h	1% 1h		5% 2,5h
P3-incicoc	Henkel KGaA, Postfach 1100, D-40554 Düsseldorf	Phenole, Alkohol, Perchlorethylen							
P3-incidin 03	Henkel KGaA, Postfach 1100, D-40554 Düsseldorf	Aldehyde, Quat. Ammoniumverbindungen, Alkohole	2% 2h	1% 1h	2% 4h	2% 4h	2% 1h		
TEGO vet	Th. Goldschmidt AG, Postfach 101461, D-45014 Essen	Aldehyde, Quaternäre Ammoniumverbindungen	2% 2h oder 1% 4h	0,5% 1h	2% 2h	3% 3h	1% 1h		
VENNO-ENDO VI	MENNO-CHEMIE-VERTRIEBS-GmbH, Langer Kamp 104, D-22850 Norderstedt	4-Hexylresorcin							5% 2,5h (auf Spulwurmeier)
VENNO-FF super	VENNO GmbH, Schillerstr. 7, D-22850 Norderstedt	Aldehyde	1% 2h	1% 1h	1% 2h	2% 1h oder 1% 3h	1% 1h		
VENNO-VET 1	VENNO GmbH, Schillerstr. 7, D-22850 Norderstedt	organische Säuren, Alkohol, Tenside	2% 2h oder 1% 4h	1% 1h	1% 1h	1% 2h	1% 0,5h		

Anmerkungen zur Liste

Spalte 4a: „Spezielle Desinfektion": Gezielte Maßnahmen gegen bestimmte Erreger bakterieller Infektionskrankheiten mit Ausnahme von Bakteriensporen (i. d. R. in nicht belegten Stallungen oder Stallabteilungen bzw. auf Flächen oder Geräten ohne gleichzeitigen Tierkontakt).

Spalte 4b: „Vorbeugende Desinfektion": Hygienische Maßnahmen zur allgemeinen Verminderung des Bakteriengehaltes in belegten und unbelegten Stallungen (z. B. Hygiene-Programmen), auch geeignet zur Hygiene-Prophylaxe bei Dermatomyksen (z. B. Trichophytie).

Spalte 6: „Fungizid": Breites Wirkungsspektrum gegen Mykoseerreger einschließlich Candidaarten (Testkeim Candida albicans), Haut- und Schimmelpilze.

Spalte 7a: „Viruzid": Wirksam gegen unbehüllte und behüllte Viren.

Spalte 7b: „Begrenzt viruzid": Nur wirksam gegen Viren mit Hülle.

Spalte 8: Wirksam gegen Dauerformen von Endoparasiten.

Glossar

Antibiotika: Arzneimittel, die auf Bakterien wachstumshemmend oder abtötend wirken.
Antibiogramm, Antibiotikaresistenzprüfung: Laboruntersuchung zum Herausfinden des geeigneten Antibiotikums zur Behandlung einer bakteriellen Erkrankung.
Antimykotika: Arzneimittel, die auf Pilze wachstumshemmend oder abtötend wirken.
Antikörper: Eiweißstoffe im Körper, die gegen Infektionen schützen.
Anthelminthika: »Wurmmittel«, die Innenparasiten bekämpfen.
Apathie: Teilnahmslosigkeit.
Arzneimittel (Medikamente): Stoffe, die bei der Anwendung am Tier zur Vorbeugung, zur Heilung, zur Diagnostik von Krankheiten und zur Betäubung dienen.
Ataxie: Störung des geordneten Bewegungsablaufs.
bakteriologische Untersuchung: Laboruntersuchung mit Anzüchtung von Bakterien auf speziellen Nährböden bei geeigneter Temperatur.
Blinddarmkot (Weichkot): weicher, etwas klebriger Kot, der direkt aus dem Blinddarm kommt.
Coecotrophie: orale Aufnahme des Blinddarmkotes zur Verbesserung der Rohfaser-, Proteinverdauung und der Vitamin-B-Versorgung.

Desinfektion: gezielte Zerstörung unerwünschter Mikroorganismen durch chemische Substanzen.
Ektoparasiten: Außenparasiten wie Flöhe oder Milben, die auf der Körperoberfläche siedeln können oder müssen.
Endoparasiten: Innenparasiten wie Magen-Darm-Würmer, Bandwürmer oder Kokzidien, die im Inneren eines Tieres leben.
Fertigfutter: Handelsfuttermittel, die in Pelletform als Sackware oder lose Ware von Futtermittelherstellern angeboten werden.
hochtragend: letztes Drittel der Trächtigkeit.
Immunsystem: Abwehrsystem des Körpers, das Eiweißstoffe und Abwehrzellen bildet, die vor Infektionskrankheiten schützen.
Infektion: Eindringen, Haften und Vermehren von krankmachenden Mikroorganismen (Viren, Bakterien, Pilze) in ein Wirtstier.
intramuskulär (i. m.): Verabreichung von Arzneimitteln in einen Muskel.
intravenös (i. v.): Verabreichung von Arzneimitteln in eine Vene.
Invasion: Eindringen von Parasiten in einen Wirt.
Kokzidiostatika: Arzneimittel, die zur Bekämpfung des Kokzidienbefalls vorbeugend und therapeutisch eingesetzt werden.

Glossar

niedertragend: erstes Drittel der Trächtigkeit.
oral: Eingabe oder Aufnahme von Arzneimitteln über die Mundhöhle.
Oocyste: Dauerform der Kokzidien, die von befallenen Tieren mit dem Kot ausgeschieden werden.
Ovulation: Eisprung, der durch den Begattungsreiz bei den Kaninchen ausgelöst wird.
parasitologische Untersuchung: Laboruntersuchung zum Nachweis von Parasiten oder deren Eiern im Kot.
Präpatenzzeit: Zeit von der Aufnahme eines Parasiten durch das Tier bis zum Ausscheiden von Parasiteneiern oder -larven im Kot (= Präpatentperiode).
Progesteron: Schwangerschaftsschutzhormon, wird im Eierstock während der Trächtigkeit gebildet und schützt diese.
Reflex: vom Willen nicht beeinflußte Reaktion auf einen äußeren Reiz, z. B. Saugreflex der Jungtiere.
Resistenz: Widerstandsfähigkeit von Mikroorganismen (Bakterien, Parasiten) gegenüber Arzneimitteln.
Spurenelemente: Stoffe, die im Futter in kleinsten Mengen enthalten sein müssen und bei Fehlen Mangelerkrankungen verursachen; z. B. Eisen, Selen.
Toxine: Giftstoffe von Pflanzen, Tieren, Bakterien, Pilzen oder chemische Stoffe.
Vakzine: Impfstoffe aus lebenden oder toten Krankheitserregern, die bei Menschen und Tieren zur Bildung spezifischer Abwehrstoffe eingesetzt werden (Impfung, Vakzination).
Vitamine: lebensnotwendige Stoffe, die zum Teil mit dem Futter zugeführt werden müssen.

Literaturverzeichnis

Beer, J.: Infektionskrankheiten der Haustiere. Gustav Fischer Verlag, Stuttgart-Leipzig 1980.
Kötsch, W. und C. Gottschalk: Krankheiten der Kaninchen und Hasen. Gustav Fischer Verlag, Stuttgart-Leipzig 1993.
Löliger, H.C.: Kaninchenkrankheiten. Ferdinand Enke Verlag, Stuttgart 1986.
Matthes, S.: Kaninchenkrankheiten. Verlagshaus Reutlingen Oertel + Spörer, Reutlingen 1994.
Schley, P.: Kaninchen. Verlag Eugen Ulmer, Stuttgart 1985.
Stünzi, H. und E. Weiss: Allgemeine Pathologie. Verlag Paul Parey, Hamburg und Berlin 1982.

Bildquellen

Kneissler, N., Stuttgart: Seite 84
Rosenberger, T., Hamburg: Seite 37, 38, 39
Winkelmann, Dr. H., Köln: Seite 96, 102
Alle anderen Fotos stammen aus dem Archiv der Autoren.

Die Zeichnungen fertigte Kerstin Heß, Stuttgart, nach Vorlagen der Autoren und aus der Literatur.

Tierärztliche Untersuchungsstellen

In den folgenden staatlichen und landwirtschaftlichen Einrichtungen können Untersuchungen durchgeführt werden:

Baden-Württemberg
Staatl. Tierärztl. Untersuchungsamt
Löwenbreitestraße 20
88326 Aulendorf
Postfach 1127, (PLZ 88321)
Tel.: (0 75 25) 20 20
Fax: (0 75 25) 2 02 90

Tierhygienisches Institut
Am Moosweiher 2
79108 Freiburg
Postfach 5140, (PLZ 79018)
Tel.: (07 61) 1 60 11
Fax: (07 61) 1 68 24

Staatl. Tierärztl. Untersuchungsamt
Czernyring 22a/b
69115 Heidelberg
Postfach 105420, (PLZ 6 90 44)
Tel.: (0 62 21) 2 36 02-3
Fax: (0 62 21) 2 96 97

Staatl. Tierärztl. Untersuchungsamt Stuttgart
Azenbergstr. 16
70174 Stuttgart
Postfach 104365, (PLZ 7 00 38)
Tel.: (07 11) 18 49-0

Bayern
Tiergesundheitsdienst Bayern e. V.
Senator-Gerauer-Straße 23
85586 Grub bei München
Tel.: (0 89) 90 91-0
Fax: (0 89) 9 09 12 02
Expreßstation:
8 56 22 Feldkirchen bei München

Landesuntersuchungsamt f. d. Gesundheitswesen Nordbayern
Heimerichstr. 31
90419 Nürnberg
Postfach 910120, (PLZ 90259)
Expreß 90443
Tel.: (09 11) 3 71 45
Fax: (09 11) 39 04 78

Landesuntersuchungsamt f. d. Gesundheitswesen Südbayern
Veterinärstr. 2
85764 Oberschleißheim
Postfach 1105, (PLZ 85758)
Tel.: (0 89) 3 15 60-1
Fax: (0 89) 31 56 04 25

Berlin
Landesuntersuchungsinstitut für Lebensmittel, Arzneimittel und Tierseuchen Berlin
Invalidenstr. 60
10557 Berlin
Tel.: (0 30) 3 97 05-1
Fax: (0 30) 39 70 53 80

Brandenburg
Staatl. Veterinär- u. Lebensmitteluntersuchungsamt Cottbus
Schlachthofstr. 18
03044 Cottbus
Postfach 101241, (PLZ 03012)
Tel.: (03 55) 7 82 30
Fax: (03 55) 2 53 25

Staatl. Veterinär- und Lebensmitteluntersuchungsamt
Fürstenwalder Poststr. 73
15234 Frankfurt/O.
Postfach 469, (PLZ 15204)
Tel.: (03 35) 32 60 80
Fax: (03 35) 33 30 38

Veterinär- und Lebensmitteluntersuchungsamt Potsdam
Pappelallee 2
14469 Potsdam-Bornstedt
Tel.: (03 31) 31 20
Fax: (03 31) 31 22 26 [Amt allgemein],
(03 31) 31 23 47 [Direktor]

Bremen
Staatl. Veterinäruntersuchungsamt
Utbremer Straße 67
28217 Bremen
Tel.: (04 21) 3 97 81 06
Fax: (04 21) 3 97 82 25

Hamburg
Veterinäruntersuchungsanstalt
Lagerstr. 36
20357 Hamburg
Postfach 306334, (PLZ 20329)
Tel.: (0 40) 3 50 40
Fax: (0 40) 35 04 29 49

Hessen
Staatl. Medizinal-, Lebensmittel- u. Veterinäruntersuchungsamt Südhessen, Außenstelle Frankfurt
Deutschordenstr. 48
60528 Frankfurt
Tel.: (0 69) 67 80 20
Fax: (0 69) 6 78 02 11

Staatl. Medizinal-, Lebensmittel- und Veterinäruntersuchungsamt Mittelhessen
Marburger Straße 54
35396 Gießen
Postfach 100855, (PLZ 35338)
Tel.: (06 41) 30 06-0
Fax: (06 41) 20 15 48

Staatl. Medizinal-, Lebensmittel- und Veterinäruntersuchungsamt
Druseltalstraße 67
34131 Kassel
Postfach 410160, (PLZ 34114)
Tel.: (05 61) 3 10 10
Fax: (05 61) 3 10 12 42

Mecklenburg-Vorpommern
Landesveterinär- und Lebensmitteluntersuchungsamt Rostock – Außenstelle Neubrandenburg
Demminerstr. 46/48
17034 Neubrandenburg
Postfach 1804, (PLZ 17008)
Tel.: (03 95) 4 22 20 11
Fax: (03 95) 4 22 20 16

Landesveterinär- und Lebensmitteluntersuchungsamt Rostock
Thierfelder Straße 18/19
18059 Rostock
Postfach 102064, (PLZ 18003)
Tel.: (03 81) 3 76 21/-27
Fax: (03 81) 3 76 27

Landesveterinär- und Lebensmitteluntersuchungsamt Rostock, Außenstelle Schwerin
Neumühler Straße 10/12
19057 Schwerin-Neumühle
Tel.: (03 85) 79 75 01
Fax: (03 85) 79 75 04

Niedersachsen
Tiergesundheitsamt der Landwirtschaftskammer
Vahrenwalder Straße 133
30165 Hannover
Tel.: (05 11) 3 66 56 18
Fax: (05 11) 3 66 56 58

Tierärztliche Untersuchungsstellen

Staatl. Veterinär-Untersuchungsamt
Eintrachtweg 17
30173 Hannover
Tel.: (0511) 28 89 70
Fax: (0511) 28 89 79 99

Tiergesundheitsamt der Landwirtschaftskammer Weser-Ems
Mars-la-Tour-Straße 1
26121 Oldenburg i. O.
mit Nebenstellen in Osnabrück und Meppen.
Tel.: (0441) 80 16 44/-5
Fax: (0441) 80 16 66

Staatl. Tierärztl. Untersuchungsamt mit Außenstelle Stade
Philosophenweg 38
26121 Oldenburg i. O.
Postfach 2403, (PLZ 26021)
Tel.: (0441) 77 90 70
Fax: (0441) 77 90 7 14

Nordrhein-Westfalen
Staatl. Veterinär-Untersuchungsamt,
Zur Taubeneiche 10/12
59821 Arnsberg
Postfach 5641/51, (PLZ 59806)
Tel.: (02931) 80 90
Fax: (02931) 80 92 90

Tiergesundheitsamt d. Landwirtschaftskammer Rheinland
Siebengebirgsstr. 200
53229 Bonn
Postfach 300864, (PLZ 53188)
Tel.: (0228) 4 34-0
Fax: (0228) 43 44 27

Staatl. Veterinär-Untersuchungsamt
Westerfeldstr. 1
32758 Detmold
Postfach 72054, (PLZ 32717)
Tel.: (05231) 2 68 54/-55
Fax: (05231) 3 98 40

Staatl. Veterinär-Untersuchungsamt
Deutscher Ring 100
47798 Krefeld
Postfach 2710, (PLZ 47727)
Tel.: (02151) 8 49-0
Fax: (02151) 84 93 02

Landwirtschaftskammer Westfalen-Lippe, Institut f. Tiergesundheit, Milchhygiene und Lebensmittelqualität
Nevinghoff 40
48147 Münster
Postfach 5980 (PLZ 48135)
Tel.: (0251) 2 37 66 86
Fax: (0251) 2 37 65 21

Staatl. Veterinär-Untersuchungsamt
Von-Esmarch-Straße 12
48149 Münster
Postfach 7601, (PLZ 48041)
Tel.: (0251) 8 90 30
Fax: (0251) 89 03 88
Telex: 89 28 28

Rheinland-Pfalz
Landesveterinäruntersuchungsamt Rheinland-Pfalz
Blücherstr. 34
56073 Koblenz
Postfach 1320, (PLZ 56013)
Tel.: (0261) 4 04 05 0
Fax: (0261) 4 04 05 98

Saarland
Staatl. Institut f. Gesundheit und Umwelt, Abtl. Veterinärmedizin
Hellwegstr. 8–10
66121 Saarbrücken
Tel.: (0681) 60 42 72
Fax: (0681) 60 42 96

Sachsen
Landesuntersuchungsanstalt f. d. Gesundheits- und Veterinärwesen Sachsen, Standort Chemnitz
Zschopauer Straße 186
09126 Chemnitz
Tel./Fax: (0371) 5 02 51

Landesuntersuchungsanstalt f. d. Gesundheits- und Veterinärwesen Sachsen, Standort Dresden
Reichenbachstr. 71–73
01217 Dresden
Tel.: (0351) 4 75 45
Fax: (0351) 4 71 90 64

Landesuntersuchungsanstalt f. d. Gesundheits- und Veterinärwesen Sachsen, Standort Leipzig
Beethovenstr. 25
04107 Leipzig
Postschließfach 826, (PLZ 04008)
Tel.: (0341) 39 56-0
Fax: (0341) 3 95 61 28

Sachsen-Anhalt
Landesveterinär- und Lebensmitteluntersuchungsamt Halle
Freiimfelder Straße 66–68
06112 Halle
Postfach 200857, (PLZ 06009)
Tel.: (0345) 3 82 31, Fax: (0345) 2 99 94

Landesveterinär- und Lebensmitteluntersuchungsamt
Haferbreiter Weg 132–135
39576 Stendal
Postfach 148, (PLZ 39554)
Tel.: (03931) 21 61 03
Fax: (03931) 21 23 22

Schleswig-Holstein

Landwirtsch. Untersuchungs- und Forschungsanstalt mit Institut für Wirkstoffprüfung und Institut für Tiergesundheit und Lebensmittelqualität
Gutenbergstr. 75–77
24116 Kiel
Postfach 3067, (PLZ 24029)
Tel.: (0431) 1 69 04-0
Fax: (0431) 1 69 04 17
Telex: 0292634 lufak

Lebensmittel- und Veterinäruntersuchungsamt des Landes Schleswig-Holstein
Max-Eyth-Straße 5
24537 Neumünster
Tel.: (04321) 5 60 90
Fax: (04321) 56 09 19

Thüringen
Medizinal-, Lebensmittel- und Veterinäruntersuchungsamt Thüringen, Veterinär- und Lebensmittelinstitut, Standort Bad Langensalza
Tennstädter Straße
99947 Bad Langensalza
Tel./Fax: (03603) 5 11

Medizinal-, Lebensmittel- und Veterinäruntersuchungsamt Thüringen, Veterinär- und Lebensmittelinstitut, Standort Jena
Naumburger Straße 96b
07743 Jena-Zwätzen
Tel.: (03641) 41 11 10
Fax: (03641) 42 40 36

Medizinal-, Lebensmittel- und Veterinäruntersuchungsamt Thüringen, Veterinär- und Lebensmittelinstitut, Standort Meiningen
Joh.-Brahms-Straße 15
98617 Meiningen
Tel.: (03693) 7 62 12,
Fax: (03693) 7 62 14

Medizinal-, Lebensmittel u. Veterinäruntersuchungsamt Thüringen, Veterinär- und Lebensmittelinstitut, Standort Erfurt
Kleine Arche 3
99084 Erfurt
Tel.: (0361) 6 46 11 24,
Fax: (0361) 6 46 11 46

Register

Antibiotika 55, 56, 126
Arzneimittelverabreichung 54
Arzneimittelvergiftung 78
Atemfrequenz 11
Atmung 12, 13
Augenentzündung 89
Aujeszkysche Krankheit 66
Außen-(Ekto-)Parasiten 48, 82
Außenhaltung 40

Bakterien 47
Bandwürmer 110
Bandwurmfinnen 110
Befruchtung 19
Begleitschreiben 128
Behandlung 54, 56, 57, 124
Besamung, künstliche 19
Bodenhaltung 40
Bodenroste 40, 41
Bordetellose 70
Brutpflege 123

Caecotrophie 24

Darm 15
Darmwürmer 109
Desinfektion 58
Dysenterie 103

Eierstöcke 16
Eileiter 17
Einstreu 39
Eiweiß 25
Eizelle 19
Ejakulation 20
Entmistung 41
Entropium 81
Enzephalitozoon 75
Epilepsie 81
Erbkrankheiten 81
Ernährungsfehler 46

Fertigfutter 25
Fette 25
Fibromatose 66
Flöhe 85
Fortpflanzung 18

Fruchttod 119
Futterautomat 30, 31
Futterbehälter 30
Futtermedikation 124
Futtermenge 31
Futterraufe 30
Futtersilo 29
Fütterung 24

Gallengangskokzidiose 112
Gebärmutter 18
Gebärmutterdrehung 121
Gebärmutterentzündung 116
Gehirnerkrankung 93
Gelbkörper 19
Gelenk 12
Gesäugeentzündung 117
Geschlechtsorgane 16, 17, 18
Geschlechtsreife 11
Gesundheitskontrolle 49
Giftpflanzen 80
Grünfutter 26, 28

Haare 22
Haarlosigkeit 81
Haltung, einstreulose 40
Haltungsfehler 47
Harnblasensteine 113
Harnorgane 16, 17
Haut 21
Hautentzündung 87
Hautgeschabsel 128
Hautpilz 75
Hauträude 83
Hoden 16
Hodenentzündung 114

Immunsystem 45
Impfungen 50, 53
Infektionen 47
Innen-(Endo-)Parasiten 48, 106
Innenstall 42

Käfighaltung 41, 42
Kalziummangel 120
Kannibalismus 123
Kleinhodigkeit 114

Register

Knochen 11
Knochenbruch 95
Kohlenhydrate 25
Kokzidiose 106
Kokzidiostatika 109, 124
Kopfräude 83
Körpertemperatur 11
Kotproben 127
Krallen 22
Krankheitsentstehung 44
Krankheitserkennung 50
Krankheitssymptome 46

Lahmheit 94
Lähmung 94
Läuse 85
Leberentzündung 111
Leberverfettung 111
Leukose 65
Linsentrübung 81
Listeriose 74
Lungenentzündung 98

Magen 15
Magenblähung 101
Magenverstopfung 102
Mastfertigfutter 28
Mehrbuchtenstall 39
Milchdrüse 22
Milchmangel 119, 123
Mineralstoffe 26
Mukoide Enteritis 102
Muskelschwund 97
Muskulatur 12
Myxomatose 62

Nasentupfer 128
Niere 16
Nierenerkrankung 113
Nippeltränken 36

Ohr 22
Ohrentzündung 91
Ohrräude 82
Ovulation 11, 17, 19

Parasiten 48
Pasteurellose 67
Pelletfutter 29
Penis 16
Pilze 48
Platzbedarf 37
Pocken 66
Präpatenzperiode 48
Prostata 16
Protein 25
Pseudomoniasis 73

Quarantäne 60

Rachitis 95
Rauhfutter 29
RHD 64
Rodentiose 70
Rohfaser 25
Rotavirus 102

Salmonellose 72
Säugezeit 122
Schadgase 43
Scheinträchtigkeit 19, 22
Schnupfen, ansteckender 98
Sinnesorgane 22
Spermaentnahme 20
Spermaverdünner 21
Spermien 16, 19
Spurenelemente 26
Stallhaltung 37
Stallklima 42, 43
Staphylokokkose 73
Syphilis 115

Tierkörper 128
Tollwut 65
Toxoplasmose 74
Trächtigkeitsdauer 11
Trächtigkeitstoxikose 119
Tränken 36
Trinkwasser 34
Trinkwassermedikation 124
Trommelsucht 101
Tuberkulose 71
Tularämie 71
Tyzzersche Krankheit 105

Unfruchtbarkeit 118
Unkräuter 26
Unterkühlung 123
Untersuchungsmaterial 127

Verdauungssystem 14
Verdauungsvorgänge 15
Vergiftungen 50, 78
Viren 47, 62
Vitamine 26

Wartezeit 57
Wasserbedarf 35
Wehenschwäche 121
Wunde Läufe 86
Wurfkästen 43, 120
Wurmmittel 109, 110, 126

Zähne 14, 100
Zahnfachentzündung 100
Zecken 84